Joseph Karabacek

Mitteilungen aus der Sammlung Papyrus Erzherzog Rainer

Joseph Karabacek

Mitteilungen aus der Sammlung Papyrus Erzherzog Rainer

ISBN/EAN: 9783744635189

Hergestellt in Europa, USA, Kanada, Australien, Japan

Cover: Foto ©Andreas Hilbeck / pixelio.de

Weitere Bücher finden Sie auf **www.hansebooks.com**

INHALT

des erften und zweiten Heftes.

‥ ‒

Das nächfte, Mitte Jänner 1887 erfcheinende, den erften Jahrgang abfchliefsende Doppelheft (8½ Bogen)
wird unter anderem enthalten:

Das nichtkanonifche Evangeliumfragment (mit Abbildung). Von G. BICKELL. — Griechifche Literatur-
überrefte aus el-Faijûm, I. Von K. WESSELY. — Der jüngfte demotifche Papyrus. Von J. KRALL. — Erftes
urkundliches Auftreten eines Türken. Von J. KARABACEK. — Aus einer koptifchen Klofterbibliothek Mittel-
ägyptens, I. Von J. KRALL. — Die älteften arabifchen Ziffern. Von J. KARABACEK. — Die Zahl 43 (99). Von
K. WESSELY. — Analyfe der in den Papyrus vorkommenden Kryftalle. Von L. V. BARTH. — Zur arabifchen
Epiftolographie, I. Das Falten und Rollen. Die Adreffe. Von J. KARABACEK. — Erfte Erwähnung von Gothen und
Bulgaren in den Papyrus. Von K. WESSELY. — Aeltefte Drucke aus dem 9./10. Jahrhundert. Von J. KARABACEK. —
Indices.

Diefe ‚Mittheilungen' enthalten folche Studien und Forfchungen und Berichte über neue Funde aus der
Sammlung, welche aufserhalb des Rahmens einer fpeciellen mit bildlichen Reproductionen ausgeftatteten Urkunden-
edition fallen. Sie werden daher die zu diefem Zwecke im gleichen Verlage nach Sprachgruppen gefondert
erfcheinenden Bände des ‚Corpus Papyrorum Raineri, Archiducis Austriae' vorbereiten und begleiten, und zum
alleinigen Sammelpunkte für die Mitarbeiter an demfelben dienen.

Die ‚Mittheilungen' erfcheinen, nur ausnahmsweife unter Beigabe von artiftifchen Beilagen, zunächft in
zwanglofen Heften, welche im Umfange von etwa 15 Bogen Quartformat einen Jahrgang bilden.

Der Preis für einen Jahrgang beträgt 5 fl. ö. W. = 10 Mark = 12 Francs = 10 Shilling.

Einzelne Hefte werden nicht verkauft.

‒‒‒‒‒‒ ‒‒‒‒‒‒

MITTHEILUNGEN

AUS DER SAMMLUNG DER

PAPYRUS ERZHERZOG RAINER

Herausgegeben und redigirt von Jofeph Karabacek.

DER MOKAUKIS VON AEGYPTEN.

‚Wer ift der Mokaukis (مقوقس), von welchem in den arabifchen Schriften über die Eroberung von Aegypten fo viel zu lefen ift, ohne dafs man bisher in griechifchen oder anderen Quellen den Mann hätte nachweifen können, der mit diefem Namen bezeichnet fein kann?‘

Mit diefen Worten leitet Herr Profeffor DE GOEJE feinen in der Leemann'fchen Feftfchrift unter obigem Titel veröffentlichten Beitrag ein.[1] Es war ein glücklicher Gedanke des raftlofen Forfchers, aus den zahllofen Räthfeln der islamitifchen Eroberungs-gefchichte hiemit eine Frage herauszugreifen, deren hiftorifche Wichtigkeit gleichzeitig mit ihm RANKE (Weltgefch. V.) durch eine eingehende kritifche Prüfung gewürdigt und in feiner Weife zu löfen verfucht hat. Aber die felbftftändig von einander zur Erreichung des gemeinfamen Zieles eingefchlagenen Wege haben die beiden Gelehrten weit aus-einander geführt. Während für DE GOEJE die hiftorifche Erfcheinung der fraglichen Perfönlichkeit feftfteht, ift RANKE geneigt, in ihr eine Fiction zu erblicken, welche die Glaubwürdigkeit der von den arabifchen Autoren daran geknüpften Thatfachen ausfchliefst (l. c. 143, 148). Indem der holländifche Orientalift in Anbetracht der dem ‚Mokaukis‘ von den Arabern in dem welthiftorifchen Drama zugefchriebenen bedeutungsvollen Rolle, diefen mit einer entfprechenden gefchichtlichen Individualität zu identificiren verfucht, geht der deutfche Gefchichtfchreiber in feiner deftructiven Kritik felbft fo weit, die traditionell beglaubigten, vor der ftrengften Isnâd-Prüfung geficherten Beziehungen des ‚angeblichen‘ Mokaukis von Aegypten mit dem Propheten Muhammed ‚mehr als zweifelhaft‘ hinzuftellen (l. c. 140).[2]

---

[1] De Mokaukis van Egypte, Leiden 1885.

[2] Die erften fünf Verfe der 66. Sûre des Korân find eben in Folge diefer Beziehungen entftanden. Der Prophet tadelt darin heftig feine Frauen wegen der Eiferfuchtsfcenen, zu welchen die ihm von Mokaukis über-fandte koptifche Sklavin Maria ihnen Anlafs gegeben.

Eine Reihe von Papyrus-Urkunden der erzherzoglichen Sammlung veranlafst mich nun der Mokaukis-Frage gleichfalls näher zu treten.

Es ift zunächft der eigentliche Name der fraglichen Perfönlichkeit feftzuftellen. Hier ftehen fich bekanntlich zwei Angaben gegenüber: die eine nennt fie مينا بن جريج ‚Georg Sohn des Menas‘, die andere ‚Sohn des قرقب Korkob‘. Dafs جريج Goreg wirklich Georg ift — was SPRENGER, Leben Muh. III, 265 bezweifelt — fteht aufser Frage.[1] Die fich fcheinbar widerfprechenden Angaben über das Patronymicon laffen fich aber dahin vereinigen, dafs wir beide Namen als giltig anerkennen und diefelben, da Mokaukis zweifellos ein Kopte war, nach Sitte der ägyptifchen Landeseingebornen wie einen Doppel-namen zufammenfaffen.[2]

Gerade für Menas liegen die Belege in unferen und fremden griechifchen Papyrus befonders zahlreich vor. Ich citire beifpielsweife aus einem unedirten Pap. Parif. von Memphis des VII. Jahrhunderts, welcher zeitlich und räumlich eben der Mokaukis-Frage fich anpafst:[3]

Μηνᾶς Ἰερεμίας	oder Γεώργιος Μηνᾶς
Μηνᾶς Φιλοθέου	Ἀνοῦπ Μηνᾶς
Μηνᾶς Οὐενοφρίου	Οὐενόφριος Μηνᾶς
Μηνᾶς Παῦλος	Βενιαμὶν Μηνᾶς
Μηνᾶς Ἰςαάκ	Πτολεμαῖος Μηνᾶς
Μηνᾶς Παφνουθίου	Ἰακὼβ Μηνᾶς
Μηνᾶς Ἰωάννης	Ἰωάννης Μηνᾶς

Dementfprechend bieten unfere arabifchen Papyrus

مينا ابلوا Menas Apollo (Pap. arab. Nr. 155),

مينا جرجه Menas Georgios (ibid.),

مينا قلوطس Menas Kolluthos (Pap. arab. Nr. 460),

oder

يحنس مينا Johannes Menas (Pap. arab. Nr. 191),

سنب مينا (= سليه Cαμβᾶς) Samba Menas (ibid.),

---

[1] Die gewöhnliche Schreibweife diefes Namens in den Papyrus Erzherzog Rainer ift جرجى, Γεωργε und جرجس, Γεώργιος. Goreg جريج kommt hingegen feltener vor. Damit ift wohl die zu einem arabifchen Diminutivum umgebildete Form für ‚Georg(ios)‘ gegeben, deren Bedeutung überdies aus dem Zufammenhalt arabifcher und griechifcher Quellen (Eutychius, Ann. I, 480; II, 367, 400; Oriens Chrift. II, 402, 738, 743) gefichert ift. An جريج = Γρηγόριος ift nicht zu denken.

[2] Dem Attribut اليونانى für Mokaukis bei Makrîzî, Chith. I, 289, liegt offenbar eine Verwechslung mit dem vorhergenannten griechifchen Befehlshaber der Citadelle von Babylon zu Grunde. Diefer führt dort (und pag. 290) den Titel الاعيرج, in der Textausgabe von Abû-l-Mahâfin's Annales, I, 8 f., richtiger الاغيرج, d. i. egregius = λαμπρότατος unferer Papyrus.

[3] Nach einer Mittheilung Herrn Dr. WESSELY's.

und andere Zufammenfetzungen:

ابوله ابلوا   Apa Paula (ⲁⲡⲁⲗⲗⲟ) Apollo (Pap. arab. Nr. 191),

جرجه سنوده   Georgios Sanûda (ibid.),

كيل جرجه   Chaël (Michael) Georgios (ibid.),

قزمان سورس   Kosmas Severos (ibid.),

سنوده انثاس   Sanûda Anthyas (ibid.),

بوله انثاس   Paula Anthyas (ibid.),

سمويل قزمان   Samuel Kosmas (Pap. arab. Nr. 460),

ابوله جرجه   Apa Paula Georgios (Pap. arab. Nr. 138),

ابوله يحنس   Apa Paula Johannes (Pap. arab. Nr. 460),

بطرس دا(ا)نيل   Petros Daniel (Pap. arab. Nr. 531) u. f. w.

So erhalten wir in unferem Falle, indem ich die von den arabifchen Quellenfchriften überlieferte Lesart قرقب als eine verftümmelte in فرقب zu emendiren vorfchlage und diefen Namen mit dem Parkab (Παρκαβιος) der griechifchen Faijûmer Papyrus identificire;[1] den vollen Namen

جريج بن مينا فرقب

Georgios Sohn des Menas Parkabios

für den ‚Mokaukis‘.[2]

Dies ift der hiftorifche Untergrund, auf dem fich weiter bauen läfst, wenn man die arabifchen Berichte über die amtliche Stellung diefes Mannes in Aegypten urkundlich und antiquarifch prüfend ins Auge fafst.

Wenn ich, geftützt auf das mir vorliegende Aftenmaterial, in diefer Beziehung eine Löfung finde, welche den von den genannten Gelehrten erzielten Refultaten nicht entfpricht, fo mufs ich bei aller Anerkennung ihres Aufwandes von Scharffinn wohl geftehen, dafs eben unfere Papyrusurkunden es vor Allem ermöglichen, ein bisher unerreichtes Bild des politifchen und adminiftrativen Zuftandes Aegyptens in der fpät-römifchen und früharabifchen Periode zu fixiren, auf Grund deffen die vorliegende Frage endlich entfchieden werden kann.

Wie unbeftimmt die Meinungen hierüber bisher gewefen, zeigen fchon die ver-fchiedenen mehr oder minder von einer unrichtigen Interpretirung der Quellenangaben

---

[1] K. WESSELY, Lettres à Mr. Révillout, Paris, App. 212, M. N. 7045, Verfo 7, 13. Keinesfalls ift Procopius فرقو يوس anzunehmen.

[2] Zur Vervollftändigung feiner Genealogie füge ich hinzu, dafs nach Makrizî, Chith. I, 226, des Mokaukis Oheim mütterlicherfeits الهاموك el-Hâmûk hiefs. Schathâ شطا, der Sohn des el-Hâmûk, fiel als Bundesgenoffe der Sarazenen im Kampfe gegen die griechifchen Truppen von Tiunis am 19. Juli 642. ‚Schathâ ift wahrfcheinlich Ψάτης (= ⲛⲉ⸗ⲩⲁⲧⲉ); auch die Stadt Schathâ, welcher er den Namen gegeben haben foll, wird als Bifchof-fitz Cάτα angeführt‘ (J. KRALL).

ausgehenden Auffaſſungen der adminiſtrativen oder politiſchen Stellung des fraglichen ‚Mokaukis'.

Um die dii minorum gentium unter unſeren Hiſtorikern nicht zu nennen, bleiben wir gleich bei RANKE, welcher EWALD'S in dieſem Falle ungenauer Ueberſetzung Ibn ‘Abd el-Hakam's folgend, den Mokaukis ‚Statthalter in ganz Aegypten' nennt (l. c. 142, 271), an anderer Stelle in einem, abweislichen Sinnes gefaſsten Reſumé, mit Bezug auf dieſelbe Perſönlichkeit aber ſagt: ‚Die Eroberung von Aegypten iſt (nach arabiſchen Quellen) das Werk des Uebertrittes eines verrätheriſchen Oberhauptes der Kopten zu dem arabiſchen Heerführer' (143). Vorſichtiger und ſachgemäſser drückt ſich DE GOEJE aus. Er citirt die arabiſchen Berichte, in denen Mokaukis ‚steeds als landvogd of als pachter der belastingen' auftritt, womit freilich das weitere ‚en heerschte volgens de Arabische bronnen over Neder-Egypte' nicht gut harmoniren will. Die arabiſchen Quellen gehen auch nicht ſo weit in der Zutheilung der Machtvollkommenheit. Was wir poſitiv aus ihnen erfahren, iſt, dafs ‚Mokaukis' ein عامل ‘Âmil geweſen; hinzugefügt wird noch على مصر ‚über Miṣr'. ‘Âmil wird nun allerdings von den Annaliſten im Sinne von ‚Statthalter' gebraucht,[1] und Miṣr bezeichnet in der Regel ‚Aegypten'. Daneben gehen aber die gleich häufigen Wortbedeutungen für erſteres als ‚Tributeinnehmer, Steuerdireĉtor, Landvogt', für letzteres als ‚Babylon'. Daher lieſt man bei Eutychius, Ann. II, 302: وكان العامل على الخراج بمصر المقوقس من قبل هرقل الملك ‚Der von Seiten des Kaiſers Heraclius eingeſetzte ‘Âmil über die Steuern in Babylon (Miṣr) war der Mokaukis'. Und bei Elmakin pag. 29: وكان المقوقس عاملًا على مصر من جهة هرقل فاجتمع هو واكابر القبط وصالحوا عمر[و] ابن العاص (sic) على ان يودوا الجزية فلتا تحقق الروم الذين بمصر اتفاقهم هربوا الى الاسكندرية وتحصنوا فيا الخ ‚Der Mokaukis war ein von Seiten des Heraclius über Babylon (Miṣr) eingeſetzter ‘Âmil. Da vereinigte er ſich mit den Häuptern der Kopten und ſie paktirten mit ‘Amr ibn el-‘Âṣi auf Grund deſſen, dafs ſie ſich anheiſchig machten, die Kopfſteuer zu bezahlen. Als die Griechen, welche in Babylon (Miṣr) waren, dieſe ihre Uebereinkunft gewahr wurden, flohen ſie nach Alexandria und verſchanzten ſich dort'.

Es iſt nach dieſem alſo klar, der Amtsſitz des Mokaukis war in Babylon, ſeine Competenz erſtreckte ſich nicht über ganz Aegypten.[2] Im Folgenden wird ſich dieſe Thatſache noch weiter erhärten laſſen.

Ich will hier aber zuvörderſt klarſtellen, wieſo unſere Hiſtoriker hinſichtlich dieſer amtlichen Stellung in Verwirrung geriethen.

Mokaukis, welcher zur Zeit des Einmarſches der Sarazenen in Aegypten daſelbſt bereits eine lange, wenn auch nicht ganz ehrenvolle Beamtenlaufbahn hinter ſich hatte — man beſchuldigte ihn, dafs er ſeit der Belagerung Conſtantinopels durch Chosrau ſeine Steuergelder abzuliefern unterlaſſen habe (Eutychius, II, 302) — war damals eine jedem Muslim wohlbekannte Perſönlichkeit, in Folge der oben erwähnten freundlichen Beziehungen

---

[1] Ja'kûbî, Hiſtoria ed. Houtsma, II und Tabari an v. O.; Ibn el-Athîr, Chron. IV, 434, 439, 451 u. A.

[2] Nach Calcaschandi, herausgegeben von WÜSTENFELD, pag. 127, heifst es, Mokaukis habe Babylon für die Baufchfumme von 17.000 Goldflücken zur Verwaltung bekommen. Geradezu unbegreiflich ift es, wie der Herausgeber dies den Autor von ‚Aegypten' ſagen läfst, wo doch die in die Millionen gehenden Steuerſummen des Landes damaliger Zeit bekannt ſind.

welche der Prophet Muhammed fchon im Jahre 628 mit ihm angeknüpft hatte. So wichtig es nun ift, dafs Mokaukis zur Zeit des Perferkrieges bereits eine hervorragende Stellung in der Steueradminiftration Aegyptens eingenommen, fcheint er doch feinen Amtsfitz zu verfchiedenen Malen gewechfelt, beziehungsweife urfprünglich nicht in Babylon, fondern in Alexandria gehabt zu haben, wenigftens traf ihn der Abgefandte des Propheten Hâthib ibn Abî Balta'a, dafelbft als ‚Machthaber' der Stadt: ملك الاسكندرية oder صاحب الاسكندرية, wie die etwas unbeftimmte Faffung lautet, worunter صاحب خراج الاسكندرية zu verftehen ift. So in der Tradition nach يحيى ابن عبد الرحمن ابن حاطب عن ايه عن جدّه قال بعثنى رسول الله صلعم الى المقوقس ملك الاسكندرية, Jahja ibn 'Abd-er-rahmân ibn Hâthib nach feinem Vater und diefer nach feinem Grofsvater (Hâthib ibn Abî Balta'a), welcher fagte: es fchickte mich der Gefandte Gottes zu dem Mokaukis, dem Machthaber von Alexandria' (Husn-el-muhâdhara, I, 58, 60).

Diefe Tradition gab nun offenbar den fpäteren Chronikenfchreibern, welche bekanntlich fehr oft kritiklos anachroniftifche Ereigniffe zufammenwarfen, Anlafs, den Mokaukis ohne Rückficht auf die Chronologie der Begebenheiten felbft dann noch als ‚Herrn von Alexandria' zu bezeichnen, da die Stadt feinem unmittelbaren Wirkungskreife bereits entrückt war (z. B. Nawawî, pag. 577 u. A.). Wenn man aber die alten Hiftoriker, wie Belâdsorî, pag. 218, prüft, fo findet man deutlich darin der chronologifchen Folge Rechnung getragen, indem das ملك الاسكندرية ‚Machthaber Alexandria's' von ملك مصر ‚Machthaber Babylon's' abgelöft erfcheint.

Diefe Ausdrucksweife läfst nun die gangbare irrige Vorftellung von der Macht-fphäre des Mokaukis leicht begreifen; denn die Titulaturen صاحب ‚Herr' oder ملك ‚Herrfcher, Machthaber' find auch als die Attribute der Souveränetät bekannt, مصر Mifr kann neben ‚Babylon' wie gefagt auch ‚ganz Aegypten' oder im eingeengten Sinne mit dem Bifchof Johannes von Nikiu, dem offenbar Herr DE GOEJE folgte, blos ‚Nieder-Aegypten' bedeuten.[1]

Es bedarf aber keines eingehenden Nachweifes, dafs es eine hiftorifche Ungeheuer-lichkeit wäre, auch nur andeuten zu wollen, ein kaiferlicher Statthalter von Aegypten oder Praefectus Augustalis fei ein Kopte gewefen. Wir müffen um vieles tiefer fteigen, wenn dem fraglichen ‚Mokaukis' oder ficheren Georgios, wie wir ihn weiter nennen werden, der gebührende Platz eingeräumt werden foll.

Zur Zeit des Ausganges der byzantinifchen Herrfchaft über Aegypten war das eigent-liche Nilland in die drei Provinzen oder Eparchien von Unter-, Mittel- und Oberägypten getheilt, an deren Spitze als Träger der militärifchen Gewalt je ein Dux (δούξ) ftand. Jede Eparchie (ἐπαρχία) umfafste wieder mehrere Gaue (νομοί), deren adminiftrative Häupter die στρατηγοί waren. Die in jener kritifchen Epoche fo wichtige Finanzverwaltung der einzelnen Nomen — von welchen manche zuweilen aus Gründen der Amtspraxis mit einander verbunden waren — ruhte in den Händen der Pagarchen (in älterer Zeit: Nomarchen). Wie die Strategen, dem Titel widerfprechend, ohne irgend welche militärifche Befugnifs lediglich nur civile Gewalten in fich vereinigten, eine gewiffe Jurisdiction übten und die Obforge um die öffentliche Sicherheit und Ordnung hatten, alfo Gaupräfeᵏten mit Polizeigewalt waren, unterſtand den Pagarchen das gefammte Steuerwefen ihres Verwaltungsbezirkes und, was im letzten Grunde damit organifch zufammenhing, auch die Aufficht über die Verkehrswege, Dämme, Flüffe, Brücken, die Controle über die Verkehrsmittel (Schiffe etc.) und das Münz-, Mafs- und Gewichtswefen; alfo waren die Pagarchen Landvögte.

Die arabifche Zeit änderte hierin nichts. Alles blieb, wenigſtens während des erſten Jahrhunderts d. H. fo ziemlich beim Alten; nicht das Wefen, nur die Namen wurden geändert. So erblicken wir in dem arabifchen ¹ صاحب المعونة oder ² عامل المعونة den cτρατηγός, in dem عامل الخراج oder عامل fchlechtweg den πάγαρχος. Und wie noch in byzantinifcher Zeit beide Aemter oft in einer Perfon vereinigt erfcheinen, z. B. Φλαουίῳ Μηνᾷ τῷ ἐνδο-ξοτάτῳ cτρατηγῷ καὶ παγάρχῳ τῆς Ἀρcινοϊτῶν πόλεωc καὶ Θεοδοcιουπολιτῶν (Pap. Erzh. Rainer C. XXI. WESSELY, Proleg. 13), finden wir in den arabifchen Papyrus gleichfalls die Bezeichnung: عامل على خراج كورة الفيوم و معونتها و جميع اعمالها, 'Âmil über die Steuern des Bezirkes el-Faijûm, deffen öffentliche Ordnung und Sicherheit, fowie deffen übrigen Verwaltungsdiſtriᵏten' (Pap. Erzh. Rainer v. J. 177 u. 196 H.).³

Diefe Pagarchen nun, welche mit einem Stabe von Unterbeamten umgeben waren, die fich über die einzelnen Diſtriᵏte vertheilten, find, wie wir aus unferen Papyrus erfahren, felbſt noch tief in das erſte Jahrhundert des Islâm hinein auch Chriſten (Griechen oder Kopten) gewefen. Desgleichen ihre im Range zunächſtſtehenden ‚Stellvertreter'. Unfere griechifchen Urkunden der Eroberungsepoche kennen indefs keinen Titelunterfchied zwifchen diefen und jenen: Beide werden dort πάγαρχοι fchlechtweg genannt, nur unfer älteſtes bilingues Document, eine unfchätzbare Reliquie aus dem 22. Jahre der Hidfchra (25. April 643) läfst in feinem arabifchen Paralleltext durch die Uebertragung خليفة chalîfa, das iſt ‚Stellvertreter', den Unterfchied in der Doppelbedeutung von πάγαρχος erkennen.

Im Gefolge des Pagarchen-Stellvertreters amtirte der ‚Gehilfe', βοηθός (nach WESSELY), عون⁴, Pl. أعوان und der ‚Säckelmeiſter', διοικητής,⁵ قطال (von قطار = κυαίcτωρ, quaestor), der übrigen Funᵏtionäre, wie der Secretäre, Schreiber u. f. w. nicht zu gedenken.

Indem die muhammedanifche Staatsraifon feit der von dem Chalifen ‘Abd-el-Melik angebahnten Aemterreform immer mehr deren Nationalifirung zuſtrebte, ward den chriſt-lichen Elementen fehr bald auch der Eintritt in jene unteren Verwaltungsſtellen verwehrt

---

¹ Plur. أصحاب المعاون Ja'kûbî, Hiſt. ed. Houtsma, II, 468. Vergl. Iſtachri ed. DE GOEJE, 262; Ibn Haukal, 93 ff., 116 etc.

² Tabarî, Annales, III, v, 1420 ff.; Ja'kûbî, l. c. II, 623. Die Würde heiſst عمل المعونة Abû-l-Mahâfin, II, 15, oder معونة fchlechtweg: الضّى؛ وكان على معونة مصر عنبة بن اسحاق الضّى, Ibn el-Athîr, Chron., VII, 45; Bibl. Geogr., IV, 307; DOZY, Suppl. II, 192.

³ Diefelbe Cumulirung iſt auch in anderen Provinzen des Chalifenreiches zu bemerken: على خراج الاهواز و معونتها Ibn el-Athîr, Chron. IV, 279.

⁴ Tabarî, 161, ann. 144: وكتب القسرى لاعوانه صكاكاً يتعزرون بها كلا يعرض لهم احدٌ; l. c. 726, فمن لقيه من عُمّال الامير ابقاه الله و عمّالى واعوانى فلا يعرضله؛ Papyrus Erzh. Rainer: عُمّاله و اعوانه ann. 191: الا بخبر الخ

⁵ Den L. STERN, Aegypt. Zeitfchr. 1884, 152 f. zum ‚Ortsvorſteher' befördert.

oder doch erfchwert, fo dafs — von wenigen Ausnahmen abgefehen — zuletzt[1] nur noch die ‚Säckelmeifter‘ der chriftlichen Bevölkerung entnommen wurden. Es liegt uns in diefer Beziehung von dem zu Ende des Jahres 90 d. H. ausgefertigten Beftallungsdiplom eines قوّمه القِـطال ‚Säckelmeifters Conftans‘ angefangen, eine bis in das vierte Jahrhdt. der H. gehende Reihe von gefiegelten Steuerquittungen vor, aus denen das Gefagte erhellt. So treten in den Papyrus Erzherzog Rainer amtirend auf im Jahre 223 H.: أصحق بن سمعون القِـطال ‚Ifaak, Sohn des Simeon, der Säckelmeifter‘; Jahr 237: يحنس بن كِل القِـطال ‚der Säckelmeifter Johannes, Sohn des Chaël‘; Jahr 248: قورنل القِـطال ‚Cornelius, der Säckelmeifter‘ u. f. w.

Die Zeiten hatten fich eben gewaltig geändert: der arabifche متولى خراج مصر oder عامل خراج مصر hatte als Tributeinnehmer oder Finanzdireftor von ganz Aegypten feinen Sitz in der Hauptftadt Foftât (Babylon), in deffen Hände die von feinen ‚Stellvertretern‘ (chalifa oder ‘âmil) in den einzelnen Bezirken (كورة) gefammelten Steuergelder zufammenfloffen.

Der Machtftellung des Finanzdireftors arabifcher Zeit läfst fich im ftrengen Vergleich jene der Pagarchen in der Eroberungsepoche gegenüberftellen, zumal wenn mehrere Nomen in ihrer Machtfphäre gelegen waren. Dem Strategos-Pagarchen war, um es kurz zu fagen, das Wohl und Wehe der fteuerpflichtigen Bevölkerungsmaffe fo gut wie verpfändet. In feine Hände waren Zwangskräfte gelegt; als Vogt verbreitete er die Schrecken unumfchränkter Gewalt über Landgebiete, deren Bewohner weniger aus eigener Wahl, denn aus natürlicher Wirkung der Armuth und des Druckes ihm zu gehorchen gewohnt waren. Unfere Documente belehren hinreichend über ihre hervorragende Stellung als gewaltige Triebfedern in dem vielrädrigen Werke der Verwaltungsmafchine; fie laffen deutlich ihr Eingreifen in die verfchiedenften focialen Sphären und eine den gewöhnlichen, mit ihrem Titel verbundenen Begriffen weit überragende faftifche Macht und einflufsreiche Geltung erkennen.

So find wir denn an den Punkt gelangt, fagen zu können: folch ein Pagarch war auch der räthfelhafte Mokaukis, unfer Georgios, Sohn des Menas.

Obfchon Alles, was über feine amtliche Stellung in den arabifchen Quellen verlautet, fich vollkommen, wie wir gefehen haben, mit dem aus unferen Papyrusdocumenten zu fchöpfenden Sachverhalte deckt, will ich doch noch einen weiteren ftriften Nachweis dafür beibringen.

Es tritt hier die bekannte Chronik des Bifchofs Johannes von Nikiu ein, von welcher RANKE mit Recht fagt, dafs fie unfchätzbar fei.[2] Da lefen wir (pag. 559): ‚Nach der Eroberung von el-Faijûm und ihres Territoriums durch die Muslimen verlangte ‘Amr von Abâkîr von der Stadt Dilâs, dafs er von Oberägypten her Schiffe bringe, um die am weftlichen Ufer befindlichen Ismaeliten (Sarazenen) an das öftliche Ufer zu transportiren. Er vereinigte um fich alle feine Truppen, um zahlreiche Expeditionen auszuführen. Er fchickte zu Georg, dem Präfeften, dafs er ihm eine Brücke über den Canal von Kaliûb

---

[1] Ein خليفة اسكندر ‚Amil-Stellvertreter Alexander‘ kommt indefs noch in einem erzherzoglichen Papyrus vom Jahre 291 d. H. vor.

[2] Chronique de Jean, évêque de Nikiou. Text éthiopien publié et traduit par M. H. ZOTENBERG (Notices et extraits de manuscrits de la bibliothèque nationale, T. XXIV, prem. part.).

fchlage, damit er fämmtliche Städte der Provinz Miṣr, wie auch die Städte Athrib und
Kerdis erobern könne. Von diefem Zeitpunkte an begann man den Muslimen zu helfen.'
Diefe köftliche Stelle ift von entfcheidender Wichtigkeit, aber nur verftändlich durch
unfere Documente, die hier wieder aufklärend eintreten. Der Bifchof läfst durch den
arabifchen Oberfeldherrn 'Amr an zwei Perfönlichkeiten Befehle gelangen, welche fich in
zwei nachbarlichen Verwaltungsgebieten, beziehungsweife Pagarchien, befinden. An beide
werden Forderungen geftellt, deren Erfüllung eben wieder nur den Pagarchen zukommt. Und
in der That, der erfte Name, Abâkîrî, von welchem der Herausgeber fagt: ‚il n'est pas
certain que ce mot soit un nom propre‘, ift die äthiopifche Tranfcribirung der koptifchen
Form des Nom. pr. ⲁⲡⲁ ⲕⲓⲣⲉ, griechifch Ἄππα Κῦρος unferer Eroberungspapyrus, gerade
derjenigen Perfönlichkeit, um welche es fich hier handelt. Die oben erwähnte bilingue
Urkunde aus dem 22. Jahre der Hidfchra nennt fie arabifirt ابو قير Abû Kîr. [1]

Apa Kyros war der Pagarch von Heracleopolis magna (اهناس) und den admini-
ftrativ damit verbundenen Nomen von Arfinoë (الفيوم) und Oxyrhynchos (البهنا), alfo der
mittelägyptifchen Eparchie Arcadia. [2] Dafs Apa Kyros, als der Auftrag des farazenifchen
Oberfeldherrn an ihn gelangte, im oxyrhynchifchen Dilâs fich befand, darf nicht auffallen.
Der Ort gehörte ja zu einem feiner Verwaltungsbezirke und der Pagarch war eben auf
dem Wege ins farazenifche Hauptquartier vor Babylon, wo wir ihn denn auch in einer
vom Jänner-Februar 642 datirten Urkunde, alfo noch vor dem Falle der Citadelle,
begegnen, indefs feine beiden Söhne für ihn als Pagarchenftellvertreter fungirten. [3]

Man wird demnach, den Caufalnexus in diefen Angaben beachtend, nicht zögern
dürfen, in der zweitgenannten Perfönlichkeit ‚Georg‘ den Pagarchen von Babylon zu
erblicken und denfelben mit unferem Georg, dem ‚Mokaukis‘, zu identificiren. Dafs der
äthiopifche Text ihn ⲙⲯ⳿ꝑ: ‚Präfect‘ nennt, ftimmt ganz und gar mit den früheren
Ausführungen über den adminiftrativen Wirkungskreis der Pagarchen, wozu übrigens noch
kommt, dafs der urfprünglich aus dem arabifchen Idiom ins Aethiopifche übertragene
Text der Chronik erfichtlich einen Ausdruck darbietet, deffen Wortbedeutung dem oben
befprochenen Doppelfinne des urfprünglich dafür gebrauchten arabifchen عامل entfpricht.

Es wird nun fehr begreiflich, wie 'Amr von Georgios gerade die Herftellung einer
Brücke verlangen konnte, wenn man fich aufser dem Gefagten gegenwärtig hält, dafs in
den zwifchen dem Oberfeldherrn und Mokaukis vereinbarten Friedensftipulationen eben
die genannte, in das Reffort des Pagarchen von Babylon fallende Verpflichtung ausdrücklich erwähnt wird. [4]

---

[1] In jüngeren arabifchen Papyrus ift der Name vielfach ابقيرو = ⲁⲡⲁ ⲕⲓⲣⲉ und ابقير gefchrieben.

[2] Ueber diefe Eintheilung fiehe meine Bemerkungen in der Oefterr. Monatsfchr. für den Orient, 1885,
pag. 160 f.

[3] Auf Grund einiger erzherzoglicher Papyrus.

[4] Eutychius, Annales II, 310 f.; Makrizi, Chith. I, 61, 75 f., 293; Sojûthi's كتاب بغية الطالب ومنهج
السالك فى اخبار مصر و القرى و المالك, Cod. 705 der Leidener Univ. Bibl., p. 253. Diefe und ähnliche
Friedensbedingungen haben übrigens die arabifchen Eroberer auch in anderen Ländern aufzulegen nicht verfäumt.
Belâdfori, 174. Einen zweiten Punkt der Vereinbarung mit Mokaukis betraf beifpielsweife die dreimalige
Verköftigung durchziehender Sarazenen durch die Einheimifchen: ان يضيفوا كل من يمر بهم من المسلمين ثلاثة ايام

Wenn es nun als ein Verdienst DE GOEJE'S hervorgehoben werden soll, dafs er die den Georgios betreffende Stelle der äthiopifchen Chronik gleichfalls mit dem ‚Mokaukis' in Beziehung gebracht, fo hat er doch begreiflicherweife die aufklärende Bedeutung der unmittelbar vorangehenden Worte über ‚Abâkirî' nicht erfaffen können; er gerieth dadurch auf einen Abweg, welcher feine Löfung der Mokaukis-Frage als eine ganz verfehlte erfcheinen läfst.

Auf die Thatfache hin, dafs Johannes von Nikiu, pag. 577, einen gewiffen Menas als einen vom Kaifer Heraclius eingefetzten Präfecten von Unterägypten bezeichnet, baut Herr DE GOEJE feinen Schlufs: Menas fei ein Schreibfehler der Chronik, es fei eigentlich ‚Sohn des Menas' zu lefen, wonach alfo Georg, Sohn des Menas, unfer Mokaukis, kaiferlicher Präfect von Unterägypten gewefen fei.

Allein auch hier vermifst man die Berückfichtigung des textlichen Zufammenhanges in der Chronik, zu welchem wieder eine unferer Urkunden das erlöfende Wort fpricht. Der Bifchof fchreibt:

‚Ein Mann, Namens Menas, welcher von dem Kaifer Heraclius zum Präfecten von Unterägypten ernannt worden war, ein anfpruchsvoller, ganz ungebildeter Menfch, der die Aegypter tief hafste, wurde nach der Einnahme des Landes durch die Muslimen von diefen auf feinem Platz belaffen. Einen anderen, Namens Sinôdâ,[1] wählten fie zum Präfecten der Provinz Rif, und einen Namens Philoxenos zum Präfecten von Arcadia oder el-Faijûm. Diefe drei Männer liebten die Heiden und hafsten die Chriften.'

Hier werden alfo zweifellos die Präfecten der drei Provinzen oder Eparchien genannt; mit ⲫⲏⲥ: Miṣr = مصر bezeichnet der Bifchof die unterägyptifche, mit ⲁⲅ: rif = ريف die oberägyptifche und mit ⲁⲅⲕⲁⲇ: Arcadia die mittelägyptifche Eparchie. Welchen Rang diefe ihre ‚Präfecten' bekleideten, geht aus der obigen Darlegung klar hervor. Sie müffen für ‚Duces' erklärt werden. Und wirklich, die erzherzogliche Sammlung bewahrt zur Beftätigung deffen eine ebenfo fchöne als koftbare, anfangs des Jahres 642 von Φιλοξένῳ δουκὶ τῆς Ἀρκαδίων ἐπαρχίας zu Gunften der arabifchen Armee ausgefertigte Contributions-Urkunde, mit deren textlicher Faffung eben die Worte der Chronik ⲫⲓⲗⲟⲕⲥⲉⲛ: ⲓⲗⲁⲫⲫ: ⲟⲩⲅⲉ: ⲁⲅⲕⲁⲇ: ‚Philoxenos Dux der Provinz Arcadia' ftimmen.

Wollte man nun, der Combination DE GOEJE'S folgend, in dem obengenannten Menas eigentlich den Georgios, Sohn des Menas erblicken, fo ftünden dem die auf pofitiver Grundlage gewonnenen Refultate der bisherigen Auseinanderfetzungen fchnurftracks entgegen. Denn abgefehen davon, dafs der Bifchof ein verläfslicher Berichterftatter ift, konnte der Δουξ, gleich dem arabifchen Emir niemals ein Kopte gewefen fein, ebenfowenig wie der Pagarch den Titel eines Δουξ führen, oder der 'Amil im Range eines Emir's ftehen konnte. Viele Urkunden der erzherzoglichen Sammlung bezeugen dies.[2]

(Elmakin, 23 f.; Eutychius II, 310; Makrîzî, Chit. I. 192 f.; Abûl-l-Mahâfin I, 18 f.; Sojûthî, l. c. pag. 253), was unfere Eroberungspapyrus durch die δαπάνη τριῶν πελικῶν, ‚Dreifchüffelmahlzeit', wiedergeben (πελίκη, von Dr. WESSELY fchön aus παιλίκη emendirt und erklärt).

[1] Das ift Ϲεννούθιος, arabifch ابو شنودة .

[2] Auch andere Denkmäler, wie Münzen, glaferne Gewichte und Aichungsmarken (in meinem Befitz) fprechen dafür.

Nicht minder irrig ift es, wenn Herr DE GOEJE, geftützt auf die eben citirte Stelle
folgert: ‚Die Annahme, dafs hier ein melkitifcher Grieche, nicht ein jakobitifcher Kopte
fpricht, erklärt, dafs diefer Menas ein Ketzer heifst, dafs von ihm gefagt wird: er haffe
die ‚Aegypter‘, das heifst die in den Augen des Schreibers rechtmäfsigen Herren von
Aegypten, die Griechen, und dafs über ihn mit Verachtung gefprochen wird, vermuthlich
wegen der Rolle, welche er gegenüber den Moslems befolgt hat‘. Umgekehrt: der Verfaffer
der Chronik war eben einer der erften Würdenträger der jakobitifchen Kirche Aegyptens,[1]
Menas aber, ein Anhänger der dyotheletifchen Lehre, ein Grieche, denn nur als folcher
konnte er die Würde eines Dux bekleiden und die ‚Aegypter‘ das heifst die Kopten, haffen‘.[2]

Kurzum, die bezogene Stelle aus der Chronik des Bifchofs von Nikiu hat nicht
nur keine beweifende Kraft für die Identificirung des Menas mit Georgios oder ‚Mokaukis‘,
fie hat mit Letzterem überhaupt nichts zu thun. Wenn beide Männer aber durch irgend
etwas in Beziehung gebracht find, fo ift es nur das gemeinfame, wenngleich verfchiedenen
Motiven entfprungene, Abfall von Byzanz.

Was der Bifchof fonft noch über unfern Georgios zu berichten weifs (pag. 574),
zeugt nicht minder für die Treue und Wahrheit feiner Ueberlieferung. Darnach erftreckte
fich die Autorität des fchon um feines Alters willen hochangefehenen Mannes, welche
felbft der alexandrinifche Patriarch nicht anzutaften wagte, ‚über alle Angelegenheiten‘ —
felbftverftändlich, fügen wir hinzu, foweit diefelbe durch die Machtfphäre als Pagarch
gedeckt ward. Diefer Einflufs ftieg, als in Folge der hereingebrochenen Wirren die
jakobitifche Kirche ihres Oberhauptes beraubt, fich der Leitung des von den mono-
phyfitifchen Kopten verhafsten, die kirchliche Richtung des Hofes vertretenden Patriarchen
Kyros unterwerfen mufste.

Als nun vollends diefer unmittelbar nach dem Regierungsantritte von Heraclius' Sohne
Conftantinus (11. Februar 641) in Angelegenheit der feindlichen Invafion zur Berathung
an das Hoflager am Bosporus berufen ward, mochte der jakobitifche Pagarch Georg de
facto als das geiftige Oberhaupt der Kopten von Unterägypten, mit Ausfchlufs
Alexandria's, gegolten haben, in welcher Eigenfchaft er mit 'Amr unterhandelte.[3]

Ich komme zu dem Schluffe: Der Abfall der Kopten von dem byzantinifchen Joche
und ihre Befreiung von dem herrfchenden Gewiffenszwange war, wenn auch nicht ganz,

[1] Notices et Extraits, l. c. 125.

[2] Der Name Μηνᾶс allein ift nicht entfcheidend für die Frage, ob Grieche oder Kopte.

[3] Die Berufung des Kyros nach Conftantinopel fetzt DE GOEJE nach dem Oriens Chriftianus II, 447, in
das Jahr 639; RANKE, V, 1, 145, reiht diefes Ereignifs in die Zeit unmittelbar nach der Thronbefteigung des
Conftantinus. Dafs erfteres Datum ungenau, zeigt ein von verfchiedenen Ausfchreibungen im arfinoitifchen
Nomos handelnder Papyrus, die ‚auf Geheifs Seiner Heiligkeit und Gottesgeehrtheit des Patriarchen Kyros in
der gegenwärtigen XIII. Indiction gefchahen‘ (κατα κελευcιν του δεcποτου ημων κυρου του αγιουτατου και
θεοτιμητου παπα επι τηc παρουcηc τριcκαιδεκατηc ινδικτιωνοc), d. i. 26. Mai 639 bis 25. Mai 640. Damals,
während der Anwefenheit des Kyros in Alexandria, war Arkadien (mit Arfinoë oder el-Faijûm) noch nicht den
Sarazenen unterwürfig; denn es wird in der Urkunde der Schwur noch ‚bei Gott dem Allmächtigen und dem
Heile des Kaiferhaufes‘ (επομνυμενοc θεον παντοκρατορα και την βαcιλικην cωτηριαν) geleiftet (Pap. Muf.
Brit. CVIII, 5. deffen von Dr. WESSELY demnächft herauszugebender Text mir freundlichft zur Verfügung
geftellt wurde).

fo doch zu gutem Theile, fein Werk. Georg hat mit dem Schlüffel der Pagarchie Babylon den Sarazenen das Delta geöffnet, ihnen den Weg nach Alexandria geebnet.

Ift, wie ich glaube, die hiftorifche Geltung der bisher dunklen Perfönlichkeit nunmehr ans Licht geftellt, fo entfteht nur noch die Frage: Was für eine Bewandtnifs hat es mit ihrem gefchichtlich berühmt gewordenen Namen المقوقس ‚Mokaukis'? Seit langer Zeit ift derfelbe eine crux interpretum. Viele und fo auch noch RANKE, Weltgefch. V., 1., 142 ff., fprechen ihn unrichtig Mokaukas aus. SPRENGER, Leb. Moh. III., 265, meint, das Wort, welches im Arabifchen eine Art Ringeltaube bedeute (vgl. Damiri, Bulak. Ausg. II., 358) fei ein Spitzname gewefen. DE GOEJE hingegen vermuthet, dafs fich in ihm der arabifirte griechifche und koptifche Amtstitel des Georgios verberge. Diefe Vermuthung kommt der Wahrheit nahe.

Wie mich Dr. KRALL aufmerkfam macht, fcheint es mir ganz zweifellos, dafs ‚Mokaukis' aus μεγαυχής entftanden ift, das heifst ‚der fehr Ruhmvolle'. Die arabifche Ueber-lieferung nennt ihn mit bloffer Ueberfetzung der erften Hälfte (μεγάς) der Titulatur bei Tabari I., v., 1575: قال الواقدى وفيهاكتب الى المقوقس عظيم القبط يدعُوه الى الاسلام فلم يُسلم, Es fagt el-Wâkidî: In diefem Jahre (7 d. H.) wurde an den Mokaukis, den Grofsen der Kopten, ein Brief gefandt, um ihn zur Annahme des Islâm einzuladen. Er nahm ihn aber nicht an.' Und der Wortlaut des Brieftextes beginnt: بسم الله الرحمن الرحيم من محمد رسول الله الى المقوقس عظيم القبط ,Im Namen Gottes des Allbarmherzigen! Von Muhammed, dem Gefandten Gottes an den Mokaukis, den Grofsen der Kopten' (Sojûthî, Husn el-Muhâdharah, I, 58).

Es unterliegt keinem Zweifel, dafs die Araber mit μεγαυχής die in der Pagarchie des Georgios gangbare griechifche Titulatur desfelben gehört und aufgefafst haben. Befremdend würde nur die feltene dichterifche Form des Ausdruckes bleiben, wenn uns nicht das wunderfame Gemifch römifch-griechifcher Titulaturen in einer durch die Jahrhunderte gehenden Reihe von Papyrusurkunden vorliegen würde. Was fpeciell die Pagarchen-titulaturen anbelangt, fo tritt neben den hundertfach fich wiederholenden Ausdrücken υεγαλοπρεπέςτατος (der Hochherrliche) und ἐνδοξότατος (der Erlauchte), z. B.:

διὰ ἄππα κύρου μεγαλοπρεπεστάτου παγάρχου —
τῷ μεγαλοπρεπεστάτῳ υἱῷ τοῦ ἐνδοξοτάτου κυρίου ἄππα κύρου παγάρχου —
ἐσχήκαμεν παρὰ τῆς ὑμετέρας μεγαλοπρεπείας u. f. w.

für einen Pagarchen des arfinoïtifchen Nomos in einem unter dem ägyptifchen Statthalter 'Abd el-'Aziz ('Αβδελαζίζ) 685—705 ausgefertigten Papyrus der erzherzoglichen Sammlung zur Ueberrafchung auch ἐυκλεέςτατος auf, deffen Wortbedeutung ‚der fehr Ruhmvolle, fich mit jener von μεγαυχής = Mokaukis vollkommen deckt.

WIEN, 10. September 1886.

J. Karabacek.

2*

DIE AEGYPTISCHE INDICTION.

Die Frage nach dem Urfprunge des Indictionscyclus ift in älterer, wie neuerer Zeit Gegenftand gelehrter Forfchung gewefen. Zu wiederholten Malen ift bereits auf Grund des älteren, nicht gerade reichhaltigen Materials die Vermuthung ausgefprochen worden, dafs Aegypten die Heimat des Cyclus fei. Noch zuletzt von DE ROSSI in feinen Infcriptiones Chriftianae (p. XCVII). Aber erft die Funde der letzten Jahre haben unfere Kenntnifs über das Wefen der Indiction in Aegypten fo weit gefördert, dafs ein Verfuch zur Löfung diefer Frage unternommen werden kann.

Die Papyrus von Faijûm haben uns gezeigt, dafs das Steuer- oder Indictionsjahr in Aegypten eine von der in den übrigen Theilen des Reiches üblichen (1. September) verfchiedene Epoche hatte, ferner dafs nachweislich in conftantinifcher Zeit fünfzehn diefer Steuerjahre zu einem Cyclus vereinigt wurden. Neben dem einen Neujahrstag am 1. Thoth gab es in Aegypten noch einen zweiten, den Anfangstag des Indictionsjahres. Er fiel in die zweite Hälfte des Monates Payni und war durch die eigenartige Natur des Landes gegeben. Er fiel zufammen mit der Vollendung der Ernte und dem Beginne der Schwelle. Zeigt es fich fonach, dafs die Indictionsepoche im Payni einen fpecififch ägyptifchen Charakter trägt, fo liegt es nahe, die Frage fich vorzulegen, ob nicht ähnliche Einrichtungen bereits im alten Aegypten beftanden. Denn jede neue Durchforfchung der griechifchen Papyrus, fofern fie gleichzeitig verbunden ift mit der Kenntnifs altägyptifcher Texte, lehrt uns den inneren Zufammenhang altpharaonifcher Einrichtungen mit folchen der griechifch-römifchen Zeit erkennen. Eine der wichtigften Aufgaben der Forfchung ift es, die Verbindung zwifchen diefen fo verfchiedenen Gebieten anzubahnen und fo auf der einen Seite den Einflufs, den das alte Aegypten auf die Verwaltung und Organifation des römifchen Reiches mittelbar geübt hat, feftzuftellen, anderfeits das für eine intenfivere Durchforfchung der altägyptifchen Verhältniffe nothwendige fichere Fundament zu gewinnen.

Der altägyptifche Kalender kennt bereits zwei Neujahrstage,[1] von denen der eine dem 1. Thoth entfpricht, der andere mit dem Beginne der Nilfchwelle, dem Abfchluffe der Ernte, zufammenhing. Ueber die Stellung des letzteren in der fpäteren Zeit läfst uns eine wichtige Stelle (I, 10) des von BRUGSCH[2] erklärten Papyrus Rhind nicht in Zweifel.

---

[1] Eingehend habe ich darüber gehandelt in den Studien zur Gefchichte des alten Aegypten, I, S. 44 ff.

[2] Vergl. jetzt Thesaurus Inscriptionum Aegyptiacarum, II, S. 208 ff., wo man das ganze Material bequem beifammen findet.

‚10. Epiphi, welcher gleich ift dem 16. Tage des Feftes Ḥbs-tp.' Der erfte Tag des Feftes Ḥbs-tp fiel fonach auf den 25. Payni. Da der Papyrus aus dem 21. Jahre des Kaifers Auguftus herftammt, alfo der Einführung des alexandrinifchen Jahres zeitlich ziemlich nahe fteht, fo ift es für unfere Frage ganz gleichgiltig, ob hier ein Datum des Wandeljahres oder des feften Jahres vorliegt. Ausdrücklich wird ferner in dem Kalender von Esneh, aus dem Beginne der Kaiferzeit, der 26. Payni als Neujahrstag bezeichnet (Z. 15). Endlich finde ich in dem fchnell zu einiger Berühmtheit gelangten demotifchen Papyrus Nr. 29 der hiefigen ägyptifchen Sammlung eine nicht unwichtige Erwähnung des Feftes Ḥbs-tp. Die Stelle lautet:

Seite 1, Zeile 12:

Wenige Bemerkungen werden genügen, die Lefung diefes Satzes zu rechtfertigen. Das Zeichen ᑐ ift nach den vorhandenen Spuren unfchwer zu erkennen, es kommt ähnlich auch Seite 2, Zeile 6 vor. Ebenfo find die Refte des Zeichens ᑐ auf den mir vorliegenden Photographien gut fichtbar. Das Zeichen für Jahr kommt ähnlich wie hier in der Infchrift von Philae, Zeile 1, vor. (Vergl. BRUGSCH, Sammlung demotifcher Urkunden, T. III und Grammaire démotique, Seite 30, §. 61.) Schwieriger ift nur die letzte Gruppe. Sicher ftehen die erften Zeilen, welche genau dem obigen 𓈖 entfprechen, zweifelhaft kann es dagegen bei dem zweiten Theile bleiben, welches eigentlich *tn* gelefen werden müfste, ob nicht der kleine Haken, welcher *n* von *p* unterfcheidet, abgefprungen oder fonft ein kleines Verfehen des Schreibers vorliegt. Jedenfalls läfst uns das folgende Determinativ der Haare, welches die Hinzufügung desjenigen für die böfen Dinge veranlafst hat,[1] die Zufammenftellung diefer Gruppe mit 𓇳 als ziemlich gefichert erfcheinen. Das ganze heifst fonach: ‚Möge fein (werden) ein gutes Jahr an dem Tage des Ḥbs-tp.'[2]

Wir erhalten als erftes Refultat: ‚Die altägyptifchen Texte geben uns neben dem Neujahrstag am 1. Thoth auch einen folchen am 25./26. Payni (alexandrinifch), welcher mit einem Fefte des Ḥbs in Zufammenhang gebracht wird.

Wir können nun einen Schritt weitergehen und die Frage aufwerfen, was mit dem ‚ḥbs' gemeint fei. Hier tritt uns die überrafchende Thatfache entgegen, dafs der aus der Infchrift von Rofette wohlbekannte Beiname des Ptolemaios Epiphanes, ‚κύριος τριακον-ταετηρίδων' in dem demotifchen Theile wiedergegeben wird durch

‚der Herr der Jahre des „Ḥbs". Die ‚Jahre des Ḥbs' entfprechen fonach augenfcheinlich den nur aus diefer Stelle bekannten dreifsigjährigen Cyclen. Die der demotifchen entfprechende, hieroglyphifche Gruppe ift, wie ebenfalls ficher feftfteht, 𓈖. Schon in der Zeit der

---

[1] Von derartigen abufiven Determinativen, die dem Ueberfetzer nur zu häufig Schlingen ftellen, wimmelt geradezu der Papyrus.

[2] Der Vollftändigkeit halber erwähne ich die von anderer Seite gegebene Ueberfetzung der fraglichen Stelle: [Point à] prononcer à la venue bonne de (son) jour d'humiliation.

Pyramidenerbauer — zuerst unter König Phiops — finden wir diefe hieroglyphifche Gruppe erwähnt, urfprünglich 𓉐𓎟 ‚St‘ oder 𓊹𓅆𓉐𓎟 ‚Ḥb-St‘, Set-Feft, fpäter 𓊹𓍖 gefchrieben. Für gewöhnlich werden in den Texten ‚Millionen‘ von folchen Triakontaëteriden den Pharaonen von den Unterthanen erwünfcht oder von den Göttern verheifsen; einmal wird unfere Gruppe ausdrücklich mit einem Jahresanfang in Verbindung gebracht. In einer Infchrift des Abydostempels fagt die Göttin Safech zu König Seti I. (XIV. Jahrhundert v. u. Ae.):

‚Du bift erfchienen auf deinem Throne (Sp) an dem Fefte Ḥb-St gleichwie Ra' am Anfange des Jahres.‘ Oft finden wir in den Texten Feiern von Set-Feften verzeichnet; bekannt find die Erwähnungen aus der Zeit König Ramfes II. Es liegt kein Grund vor, vollends nach der eben angeführten Infchrift aus Abydos, anzunehmen, dafs die Setfeier nur alle 30 Jahre begangen wurde. Es war vielmehr ein Feft, welches alljährlich, in ganz befonders feierlicher Weife alle 30 Jahre begangen wurde. Mit dem 29. Regierungsjahre des Königs Ramfes II. war ein folcher Cyclus abgelaufen, die Set-Fefte des neuen Cyclus — denn fo und nicht etwa als Erinnerungsfeiern an das Epochenjahr des abgelaufenen Cyclus find diefe Fefte zu verftehen — wurden nun in der Weife begangen, dafs man jedes vierte — wie man trotz einzelner Ungenauigkeiten in den Ziffern annehmen darf — befonders hervorhob. Diefe Erfcheinung erkläre ich einfach fo. Bereits an einer anderen Stelle [1] habe ich darzuthun verfucht, dafs die alten Aegypter durchgehends des Wandeljahres fich bedienten; die Folge davon war, dafs die Fefte, welche an beftimmten Monatstagen des Wandeljahres hafteten, einen grofsen Kreislauf durch die Jahrhunderte befchrieben, diejenigen dagegen, welche an Tage des feften Jahres gebunden waren, wie die Feier der Phafen der Nilfchwelle, des Siriusaufganges, der Jahrpunkte u. f. w. alle vier Jahre um einen Tag fpäter im Wandeljahre fielen. Gehörte nun das Set-Feft zu den letzteren, fo mufste dasfelbe, nachdem es beifpielshalber im Jahre 30 auf den x. Thoth gefallen war, im Jahre 34 auf den $x+1$. Thoth übergehen. Es ift begreiflich, dafs in dem Jahre, in welchem das Set-Feft auf einen anderen Tag des Wandeljahres überging, dasfelbe befonders gefeiert und hervorgehoben wurde.

Wir erhalten auf diefe Weife folgendes Schema: ·

Erfte Feier: Jahr 30 Beginn des Set-Feftes 1. Thoth des Wandeljahres,

	31	„	„	„	„	„	„
	32.	„	„	„	„	„	„
	33	„	„	„	„	„	„
Zweite Feier: Jahr	34	„	„	„	2. Thoth	„	„
	35	„	„	„	„	„	„
	36	„	„	„	„	„	„
	37	„	„	„	„	„'	„
Dritte Feier: Jahr	38	„	„	„	3. Thoth	„	„

u. f. w. bis zum Jahre 59, mit welchem der Cyclus abfchlofs.

Verbinden wir die eben gewonnenen mit dem früheren Ergebniffe, fo kommen wir zu folgenden Schlüffen. Das Jahr des Ḥbs, oder wie es früher genannt wurde,

---

[1] Studien, I. 69 ff.

des Sṭ, begann in der Kaiferzeit am 25./26. Payni, dreifsig folcher Jahre wurden zu einem Cyclus vereinigt.

Ueber die Bedeutung des Sṭ-Feftes und des damit in Zufammenhang ftehenden 30-jährigen Cyclus hat man die verfchiedenartigften Hypothefen ausgefprochen.[1] Sogar auf die Umlaufsperiode des Saturn, welche rund auf 30 Jahre angefetzt wurde, hat man fie bezogen. Nach den bisherigen Ausführungen wird wohl die Annahme geftattet fein, dafs das Sṭ-Feft als Feft des Abfchluffes der Ernte, alfo Ende Payni nach dem alexandrinifchen Kalender, gefeiert wurde.

Erwähnungen des Seṭ-Feftes werden, fofern fie mit Daten des Wandeljahres verbunden find, als bequeme Hilfsmittel fich erweifen, die Regierungszeiten der Könige, unter denen fie gefeiert wurden, feftzuftellen. Wenn es daher in der Infchrift des Königs Phiops im Hammamât heifst:

,Im Jahre 18, Epiphi 27, des Königs Phiops, bei der erften Feier des Sṭ-Feftes,‘ fo hat man nach dem Gefagten anzunehmen, dafs zur Zeit des Königs Phiops der Abfchlufs der Ernte Ende Epiphi des Wandeljahres fiel. Zieht man die Praeceffion der Tag- und Nachtgleichen in Betracht und nimmt man an, dafs feit jener frühen Zeit der Kalender durch die Jahrhunderte ungeftört fich erhalten hat, fo kommt man für Phiops auf einen Anfatz, welcher fich mit dem von BRUGSCH für die fechfte Dynaftie der Tomoi, in welche Phiops gehört, gefundenen (3204—3001 v. u. Ae.) recht wohl vereinigen läfst, wie denn die Zeitbeftimmungen von BRUGSCH am beften der Wirklichkeit entfprechen.

Vergleichen wir die gewonnenen Ergebniffe mit dem was uns die Papyrus der Kaiferzeit in Bezug auf die Indiction gelehrt haben, fo fpringt die Identität der Einrichtungen fofort in die Augen. Wie in pharaonifcher, fo haben wir in der Kaiferzeit es mit zwei Neujahren, dem Anfang des bürgerlichen und des Natur-, oder beffer Niljahres, zu thun. Die Jahre des Ḥbs oder Seṭ find altägyptifche, mit der Vollendung der Ernte und dem Anfange der Nilfchwelle beginnende Indictionsjahre.

Nach dem Gefagten ift es gewifs nicht auffallend, wenn die ägyptifche Indiction in einem von Dr. WESSELY gefundenen und weiter unten publicirten Papyrusfragmente den Namen Nil-Indiction führte, nach der Nilfchwelle, der fie ihre Entftehung verdankte. Man wird in diefem Zufammenhange ferner vermuthen können, dafs das Feft Ḥbs-tp[2] feinen Namen vom bedecken (ḥbs) der Felder durch die Ueberfchwemmung erhalten hat, ähnlich wie es in einer Infchrift bei Dümichen (H. J. II, 51a, 2) heifst: ,er hat bedeckt (ḥbs-nf) die Aecker mit feiner Fluth.‘[3] Darnach entfpräche das Feft ,Ḥbs-tp‘ der erften Bedeckung (durch die Schwelle des Nils), alfo dem Beginne der Schwelle, die Jahre des Ḥbs wären Jahre der Schwelle, Niljahre.

Wie die Indictionsjahre zu einem Cyclus von fünfzehn, fo wurden die Jahre des Ḥbs nachweislich zu einem folchen von dreifsig Jahren zufammengefafst. Zwei Indictionscyclen entfprechen einer Triakontaëteris, und es wird wohl geftattet fein, die Frage

---

[1] LEPSIUS, Chronologie der Aegypter, S. 164. Vergl. Studien zur Gefchichte, I, 33, mit den Zufätzen bei BRUGSCH, Thefaurus, II, 211. Es liegt nahe, an das jüdifche Jobeljahr zu denken.

[2] Sofern ḥbs, wie mir wahrfcheinlicher, ein felbftftändiges Wort ift.

[3] BRUGSCH, H. D. W., VI. Bd., 809.

aufzuwerfen, welche erft weitere Forfchungen werden beantworten laffen, ob zwifchen der Dauer der Cyclen ein Zufammenhang befteht, derart, dafs die Triakontaëteris der Bequemlichkeit halber halbirt wurde.

Ueber die Gründe, welche die alten Aegypter veranlafst haben konnten, gerade einen dreifsigjährigen Cyclus aufzuftellen, habe ich an einer anderen Stelle[1] bereits gehandelt. Gerade wie im Indictionscyclus die einzelnen feften Jahre fortlaufend gezählt wurden, fo zählte man in dem alten dreifsigjährigen Cyclus die Jahre, in denen das St-Feft auf einen neuen Tag des Wandeljahres überging, was alle vier Jahre ftattfand, als erfte, zweite, dritte u. f. w. Feier.

Vorläufig hat es noch nicht gelingen wollen, für die erften drei Jahrhunderte der Kaiferzeit fünfzehnjährige Cyclen nachzuweifen. Die Verfuche, die man in diefer Richtung gemacht hat, werden, wie ich fehe, allfeitig zurückgezogen. Ich glaube, mit vollem Rechte. Die Nilfchwelle machte, wie bereits Herodot[2] bemerkte, jährliche Revifionen des Befitzftandes der Bauern nothwendig. Alljährlich wurde zu dem Zwecke ein grofser Apparat von Beamten in Bewegung gefetzt. Der bei weitem gröfsere Theil der amtlich erhaltenen Schriftftücke bezieht fich auf diefe Revifionen und Confcriptionen. Sehr inftructiv in diefer Hinficht ift der koptifche Papyrus Nr. 1800.

Fehlt auch der Anfang, fo ift Dank dem arabifchen Siegel (KARABACEK) kein Zweifel, dafs das Schriftftück von jenem Rafchid erlaffen ift, von dem mehrere griechifche Papyrus und auch ein zweiter koptifcher herftammen. Diefer enthielt vielleicht einen ähnlichen Erlafs wie der uns befchäftigende Papyrus Nr. 1800, leider ift von ihm nur erhalten:

Koptifcher Papyrus Nr. 1283:

ⲑ
cⲩⲛ ⲣⲁⲥⲍⲓⲃ ⲩⲓ̈ ⲭⲁⲗⲉⲃ///
ⲡⲛⲉⲙϧⲓⲧ ⲛ̄ⲩⲙⲟⲧⲛ.

An wen der Erlafs (Pap. Nr. 1800) adreffirt war, wiffen wir nicht, doch fei angeführt, dafs uns drei koptifche Zufchriften — darunter zwei ⲛⲓⲧⲧⲁⲕⲓ — eines Pagarchen von Faijûm mit Namen Maimun (ⲙⲁⲓⲙⲟⲩⲛ,[3] Kopt. Pap. Nr. 1281 und 1740, ⲙⲉⲓⲙⲟⲩⲛ, Kopt. Pap. Nr. 44) an verfchiedene Untergebene erhalten find.

Das Schriftftück bezeichnet fich felbft als Sigillum. Zeile 12 v. u. heifst es:

ⲁⲧⲱ ⲛⲛⲉⲗⲁⲙϯⲃⲓⲃ/ ⲉⲛⲉⲓⲉⲓⲣⲉⲗⲗⲓ.

Diefelbe Wendung erfcheint in einem anderen, die Embola betreffenden Erlaffe: Koptifcher Papyrus Nr. 279: ⲙⲛⲉⲗⲁⲙϕⲓⲃⲁⲗⲉ ⲛⲉⲓⲉⲓⲣⲉⲗⲗⲓ.

Das Wort kommt noch einmal ⲉⲓⲣⲉⲗⲗⲓ (im Kopt. Pap. Nr. 380 /// ⲛⲉⲁⲛⲉⲉⲛⲧ ⲉⲛⲉⲓⲉⲓⲣⲉⲗⲗⲓ ⲁⲧⲱ ///) und zweimal ⲉⲓⲣⲣⲉⲗⲗⲓ (Kopt. Pap. Nr. 1022 und 1281) gefchrieben vor. Die Varianten

---

[1] Studien, I, 10 ff.

[2] Herodot, I, 109: εἰ δέ τινος τοῦ κλήρου ὁ ποταμός τι παρέλοιτο, ἐλθὼν ἂν πρὸς αὐτὸν ἐσήμαινε τὸ γεγενημένον· ὁ δὲ ἔπεμπε τοὺς ἐπισκεψομένους καὶ ἀναμετρήσοντας ὅσῳ ἐλάσσων ὁ χῶρος γέγονε, ὅκως τοῦ λοιποῦ κατὰ λόγον τῆς τεταγμένης ἀποφορῆς τελέοι.

[3] Der kopt. Pap. Nr. 50 tranfcribirt den Namen ⲡⲁⲩⲓⲧ, daneben kommt auch ⲁⲣⲁⲩⲓⲧ (Kopt. Pap. Nr. 1305) vor. Vergl. auch unten S. 49.

[4] Ein zu den oben angeführten fachlich nicht gehöriger Papyrus (Nr. 715) gibt ⲙⲉⲙⲟⲧ[ⲛ.

diefes Wortes find, wie man fieht, nicht fehr bedeutend. In den Urkunden des Kloſters Apa Jeremias bei Memphis fcheint diefes Wort in fehr verſtümmelter Form vorzuliegen.[1] Wichtig iſt in unferer Urkunde vor allem das Datum. Sie iſt gefchrieben am 25. Pachons der zweiten Indiction, alfo nicht ganz einen Monat vor der neuen Indiction. In derfelben werden eingehende Beſtimmungen über die Anfertigung der ката̄гра̄фн getroffen, mit deren Einfammlung der Notar Georgios beauftragt wird. Für deffen Sicherheit hat der Empfänger des Erlaſſes mit feinem Leben zu bürgen. Die ката̄гра̄фн umfaſſen nicht blofs Menfchen, fondern auch Bäume, darunter namentlich angeführt werden Dattel-palmen und Akazien.

Im Vorſtehenden haben wir den Verfuch gemacht, die altägyptifchen Namen des Steuerjahres feſtzuſtellen und dem Zufammenhange desfelben mit dem Indictionsjahre nachzugehen. Für die fpätere Zeit waren wir, Dank den koptifchen Papyrus Erzherzog Rainer, bereits in der Lage, mit aller Sicherheit den koptifchen Namen für das Indictions-jahr nachzuweifen.[2] Es iſt ein glücklicher Zufall, dafs die Faijûmer Urkunden den Namen verhältnifsmäfsig häufig erhalten haben, während derfelbe weder in den Papyrus aus Schmun, über welche ich demnächſt handeln werde, noch, wie es fcheint, in den anderen Sammlungen von Papyrus aus dem Faijûm vorkommt.

Der Name kommt vor:

Koptifcher Papyrus Nr. 18: **ειτι мат не мнⲭѡѡⲗⲉ мннар етеен ⲫ̄ натамфⲓⲃоⲗⲓⲁ**.

Koptifcher Papyrus Nr. 311: **еннарное етеен ⲫ̄ натамфⲓⲃоⲗⲓ †**.

Koptifcher Papyrus Nr. 162: /// **етеен ⲁ̄ тⲓетⲓⲭⲓн †**.

Koptifcher Papyrus Nr. 261: **нтеен ⲓⲏ̄**.

Koptifcher Papyrus Nr. 168: // **ϩⲉ наⲓⲙ ⲓⲁ̄ ϩⲉ п[нар**
ⲁ.п]м ⲓⲃ̄ ϩⲉ ннар етее[н.

Koptifcher Papyrus Nr. 521: **нтеен ///**

Wichtig find die Angaben:

Koptifcher Papyrus Nr. 720: **етеен /// ιⲩ[ⲃ**.

Koptifcher Papyrus Nr. 294: **ⲁ.]ееноⲧне ⲓⲏ̄с пе ⲭⲣ̄ⲥ̄ ннот† атⲱ ///**
мⲁрⲓⲁ мⲛ̄ нетотееⲃ тнроⲧ : атⲱ н ///
// теен ⲫ̄ ιⲩⲃ †.

Der zuletzt angeführte Papyrus Nr. 294 enthält die eine Hälfte eines in den koptifchen Faijûmer Papyrus fehr felten, in den griechifchen dagegen oft vorkommenden Protokolls. Er iſt datirt ähnlich wie der von STERN mitgetheilte Berliner Papyrus VII:[3]

† ετρα μην π̄ κⲃ καρ γ ιⲩ/.

Parallel mit dem Ausdrucke diefes und des vorhergehenden Papyrus: e]теен ⲫ̄ ιⲩⲃ/ gehen die Stellen des Papyrus Nr. 1286: **еннарнⲱе πεμπης ιⲩⲃ/**

oder Nr. 196: **ете нар η ιⲩⲃ / натамфⲓ /**.

[1] Vergl. STERN, Aegypt. Zeitfchr. 1885, S. 10, Nr. 1. Die richtige Erklärung des Wortes gab KARABACEK, literarifch-kritifche Beilage der öfterr. Monatsfchrift für den Orient, Nr. 5.

[2] Neue koptifche und griechifche Papyrus, im Recueil de travaux relatifs à la philologie et à l'archéologie égyptiennes et assyriennes, VI, 74 ff.

[3] Aegyptifche Zeitfchrift, 1885, S. 15.

Es liegt nahe, bei dem Namen ееи an das fahidifche eou (-mal) zu denken, und auch ich habe das ins Auge gefafst, als ich von den Behelfen fprach, deren fich die Kopten bedienten, um das Fremdwort ‚Indiction‘ auszudrücken. Dennoch fcheint es mir angemeffener, vollends nach Auffindung der Varianten der koptifchen Papyrus Nr. 294 und 720, dem Worte т-ееи vermuthungsweife die urfprüngliche Bedeutung ‚Ernte‘ beizulegen. Denn demotifch heifst es p-sop-ṭp, ‚das erfte Mal,‘ alfo männlich (vergl. die Stelle des von STERN publicirten Berliner Papyrus Nr. III:[1] антма итаанаиаи исиеаи ие), unfer ееи ift dagegen weiblich. Zudem heifst das Steuerjahr, wie die angeführten Beifpiele zeigen, immer ееи; das fahidifche eou dagegen ftets еаи.

Koptifcher Papyrus Nr. 4: ша̄ле иō̄е теитот ини ио̄иот ипиеаи.
Koptifcher Papyrus Nr. 1328: анаи о̄ı отеаи.
Koptifcher Papyrus Nr. 171: анаи]о̄ı отеаи.
Koptifcher Papyrus Nr. 420: отеаи отеа[и.

Bei der bekannten Vorliebe der Aegypter für Wortfpiele, die auf Gleichklang beruhen, ift es kaum zufällig, dafs der Thron, auf welchen der König am Fefte Seṭ fich fetzte, Sep, alfo gerade wie das Steuerjahr, deffen Anfang das Feft Seṭ bezeichnete, hiefs. ‚Ernte I‘, ‚Ernte II‘ u. f. w. war eine ganz paffende Bezeichnung für die einzelnen Steuerjahre, und es ging das Bewufstfein der urfprünglichen Bedeutung des Wortes, wie die Verbindung анир етееи $\overset{\pi}{\overline{o}}$ lehrt, verloren. In der Literatur hat fich eine Spur des Wortes т-ееи nur Daniel I, 21 erhalten, wo das erfte Jahr des Kyros durch асфот1 wiedergegeben wird, alfo ‚Anfang der Sp-Jahre‘, indem wohl angenommen wurde, dafs mit dem Jahre des Kyros ein neuer Cyclus begann.[2] Ein Surrogat für das einheimifche т-ееи bietet uns der Ausdruck:

// и ла̄ми1 миит̄и ///,

der in einem Fragmente einer Rechtsurkunde (Kopt. Pap. Nr. 633) vorkommt. Er findet fich auch in einem von STERN mitgetheilten Grabfteine in Berlin,[3] Zeile 14: рамиı миир1б̄лос.

Ich könnte hier fchliefsen und für einzelne Detailfragen, welche fich an die ägyptifche Indiction in griechifcher und arabifcher Zeit knüpfen, auf einen früheren Auffatz (f. S. 17, A. 2) verweifen, wenn nicht in der letzten Zeit von verfchiedenen Seiten mit und ohne Kenntnifs desfelben abweichende Anfichten aufgeftellt und verfochten worden wären.[4] Wiewohl es wahrlich kein Vergnügen ift, eigene und fremde Worte wie Gefetzesftellen von grübelnden Sachwaltern ausgelegt zu fehen und danach feine Schreibweife einrichten zu müffen, fo erfcheint es mir doch bei der Wichtigkeit der Frage nach der ägyptifchen Indiction unthunlich, Unklarheiten über diefelbe aufkommen und platzgreifen zu laffen. Indem ich mich genöthigt fehe, nochmals die Fragen zu behandeln, benütze ich die Gelegenheit, um

---

[1] l. c. S. 8 und 10.
[2] Auf diefe Stelle hat bereits BRUGSCH, Matériaux pour servir à la reconstruction du Calendrier des anciens Egyptiens, X, hingewiefen; vergl. Aegypt. Zeitfchr. 1885, S. 16.
[3] Koptifche Grammatik, S. 438.
[4] STERN, Aegyptifche Zeitfchrift, 1884, 160 ff. WILCKEN, Hermes, XXI, 277 ff.

aus koptifchen Texten Einzelnes mitzutheilen, was den Mitforfchern auf diefem Gebiete förderlich und erwünfcht fein dürfte.

In den voranftehenden Ausführungen wird durchgehends eine fefte Indictionsepoche in der zweiten Hälfte des Payni angenommen[1] und nur die Frage offen gelaffen, an welchem Tage des Payni das Indictionsjahr in regelmäfsigen Zeitläuften begann. Denn bei dem Umftande, dafs die griechifchen und koptifchen Papyrus auf mehrere Jahrhunderte fich vertheilen, ift wohl anzunehmen, dafs bei Berückfichtigung der Präceffion der Tag- und Nachtgleichen der Anfang des Nil- oder Indictionsjahres nicht in allen Jahrhunderten auf denfelben Tag fiel. Die gröfste Differenz betrug freilich nur einige Tage. Dazu kommt, dafs uns vorläufig noch keine pofitive Angabe über den Indictionsanfang vorliegt, was ganz begreiflich ift, denn allgemein Bekanntes, und das war in Aegypten die Epoche des Steuerjahres, brauchte man nicht ausführlich in den Urkunden anzumerken. Noch immer fehlt die Reihe zeitlich knapp auf einanderfolgender, demfelben Monate Payni, aber zwei verfchiedenen Indictionsjahren angehörigen Schriftftücke, von welchen ich die Löfung diefer übrigens nicht fehr relevanten Frage erwartete. Früher glaubte man freilich in dem Zufatze ἀρχή und τέλος, welche in den griechifchen Papyrus nicht felten vorkommen, ein Mittel gefunden zu haben zur Beftimmung des Anfangs- und Endtages der Indiction.

Soviel ich fehe, ift die Hypothefe einer fchwankenden, von Jahr zu Jahr im voraus angefagten Indictionsepoche überhaupt ein Ueberreft der früheren, wonach ἀρχή den Anfangstag der Indiction bedeuten follte. Auf einen nach dem Payni fallenden Anfang der Indiction fchlofs WILCKEN[2] wegen des Vorkommens des Zufatzes ἀρχή bei Daten aus dem Epiphi oder Mefori und gewann fo eine Reihe von Indictionsanfängen; diefer Hypothefe bediente er fich weiter zur Erklärung von zwei einander widerfprechenden Daten von Parifer Papyrus. Noch weiter entwickelt ward diefe Annahme von STERN, der das Vorkommen der Zufätze ἀρχή und τέλος auf den unregelmäfsigen Anfang der Indiction zurückführte, indem es vorkommen konnte, dafs ‚eine und diefelbe (Indiction) die Monate Pachons, Payni, Epiphi zweier verfchiedener Jahre' umfafste. Danach erhielten wir eine für Handel und Wandel bedenkliche Folge von Steuerjahren, deren Dauer zwifchen neun und fünfzehn Monaten gefchwankt hätte.

Nun wird jetzt allgemein und gerade von WILCKEN mit befonderer Wärme angenommen, dafs die Ausdrücke ἀρχή und τέλος nicht Anfangs- und Endtag, fondern ganz allgemein Anfang und Ende der Indiction bedeuten. Trotzdem der Ausgangspunkt der Hypothefe gefallen, wird doch, um aus dem allgemeinen Schiffbruch etwas zu retten, an dem fchwankenden Indictionsanfang feftgehalten. Lag es in der Willkür des Schreibers, im Mefori oder gar im Paophi anzumerken, man ftehe in der ἀρχή, fo ift es klar, dafs trotz des Ausdruckes ἀρχή beim Epiphi oder Mefori das Jahr im Payni begonnen haben konnte.

Es handelt fich nicht darum, beliebige Erfcheinungen des Zufatzes ἀρχή zu notiren; das Problem mufs vielmehr fo gefafst werden: welches find die letzten Erwähnungen des

---

[1] Wahrlich nicht willkürlich war der Anfatz ‚zweite Hälfte des Payni' für den Beginn der Indiction gewählt, wie der Vergleich mit den Feftkalendern des alten Aegypten zeigt. Die Erforfchung des ägyptifchen Alterthums beginnt nicht mit Auguftus oder Ptolemaios I. Die Frage nach der ägyptifchen Indiction ift ein Theil der ägyptifchen Chronologie.

[2] Hermes, XIX, S. 295, 297.

τέλος und die erſten Erwähnungen der ἀρχή? Gäbe es einen τέλος im Thoth oder eine ἀρχή im Pharmuthi, ſo hätte man allen Grund, ſtutzig zu werden; das iſt, ſoviel ich ſehe, nicht der Fall. Es zeigt ſich, daſs die erſte Erwähnung der ἀρχή auf den 3., und wenn wir von den koptiſchen Papyrus aus arabiſcher Zeit abſehen, den 20. Payni, das ſpäteſte τέλος einmal auf den 1. und einmal auf den 22. Epiphi fällt. Die bei weitem überwiegende Menge der Fälle läſst ſich mit einem Indictionswechſel um den 20. Payni vereinigen.

Wer mit Inſchriften und Papyrus operirt und aus einzelnen Erſcheinungen derſelben allgemeine Geſetze ableiten will, iſt in einer ganz anderen Lage, als Derjenige, der beſtimmten Angaben der Schriftſteller gegenüberſteht. Inſchriften und Papyrus geben uns nur ganz ſpecielle Fälle, die wie im menſchlichen Leben nicht anders, nur zu häufig Ausnahmen der allgemeinen Regel ſind. Der Forſcher, dem dies nicht klar geworden, wird nie in der Lage ſein, ein wahres Bild vom Sachverhalte ſich zu bilden. Auch in unſerem Falle handelt es ſich nicht darum, die verſchiedenen τέλος und ἀρχή parallel und gleichwerthig nebeneinander zu ſtellen, ſondern darum, aus den einzelnen Erſcheinungen die allgemeine Regel feſtzuſtellen.

Denn daſs wir nicht aus vorgefaſster Meinung nach einer feſten Regel ſuchen, wo es, wie behauptet wird, keine gab, ſollen einige Erwägungen darthun. Wäre der Indictionsanfang ein ſchwankender geweſen, ſo war es unumgänglich nothwendig, um der ärgſten Verwirrung vorzubeugen, die Ausdrücke τέλος und ἀρχή zum mindeſten im Monate Payni und Epiphi hinzuzufügen. Das iſt aber nicht der Fall. In keinem einzigen koptiſchen Papyrus Erzherzog Rainer kommen die Ausdrücke τέλος und ἀρχή oder etwas dieſen Aehnliches vor. Und doch ſind uns viele gerade aus dem Payni und Epiphi datirte koptiſche Papyrus erhalten. So heiſst es z. B.:

K. Pap. 354: π̄ κε ιν^b/ζ oder

K. Pap. 1333: μ/ π̄ κδ ιν^b/δ

ohne jeglichen Zuſatz. Man bekommt den Eindruck, daſs ἀρχή und τέλος als Anfang und Ende des Indictionsjahres ganz allgemein zu faſſen ſind, derart, daſs unter ἀρχή der Theil des Steuerjahres zu verſtehen iſt, in dem die Steuern abgezahlt wurden, was begreiflicherweiſe mehrere Monate dauerte, unter τέλος dagegen die letzten Monate des Jahres gemeint ſind, in denen die Steuerausſchreibungen, Reviſionen, Conſcriptionen fürs kommende Jahr erfolgten. Die Ausdrücke waren nicht obligatoriſch, ſie zu ſetzen lag in der Willkür des Schreibers, doch war ihre Anführung in den übrigens verhältniſmäſſig ſeltenen Jahren erwünſcht, in denen das Indictionsjahr über ſeine normale Dauer in den Epiphi verlängert wurde.

Wenn ferner Rechtsgeſchäfte auf die Dauer eines Jahres abgeſchloſſen werden und die ‚Grenzen' desſelben angegeben werden, ſo ſind die Notare, welche die Urkunden ausſtellen, nie über Anfang und Ende der Indiction im Unklaren. So heiſst es z. B. in dem koptiſchen Papyrus Nr. 91:

ⲁⲧⲱ ⲛⲧⲁϣ ⲉⲧⲉⲃⲗⲁⲙⲏⲓ ⲛⲉ ϭⲓⲛ ⲉⲡⲓϥⲓ ⲁ ιν^b/ιδ ϣⲁ ⲉⲡⲓϥⲓ ιν^b/ιⲉ

‚und die Grenzen ſeines Jahres ſind vom 1. Epiphi der 14. Indiction bis zum 1. Epiphi der 15. Indiction'. Geſchrieben iſt die Urkunde an ‚demſelben erſten (ſc. Epiphi) der 14. Indiction'. In einem anderen Papyrus (Nr. 230) ſpielt der 2[1]. Payni dieſelbe Rolle wie hier der 1. Epiphi. Und ähnlich in einer Reihe zuſammengehöriger Rechtsurkunden. [Dieſe ſind auch fonſt wichtig, weil in ihnen neben ϭⲉⲕⲛ (Kopt. Pap. Nr. 91) ϭⲓⲙⲛ (Kopt. Pap. Nr. 350) oder ϭⲉⲩⲧ (Kopt. Pap. Nr. 354) merces auch ein Wort ⲗⲉϭⲉⲕⲛ erſcheint, vergl. dazu das viel umſtrittene Wort des Berliner Papyrus Nr. IV ⲗⲉϭⲉⲕⲁⲧⲓ.[1]] Man ſieht, es war für den Notar, der dieſe Urkunden ausſtellte, kein Zweifel, in welche Indiction der nächſte 2[1]. Payni oder 1. Epiphi fallen werde, das heiſst, es gab eine feſte, allgemein bekannte Indictionsepoche. Diejenigen Forſcher, denen die reichen Schätze der griechiſchen Papyrus des Faijûmer Fundes zur Verfügung ſtehen, werden leicht in der Lage ſein, die hier gegebenen Beobachtungen weiter auszuführen.

Und vollends wird man fragen dürfen, warum gab es denn keine feſte Indictionsepoche? Das Natürliche iſt denn doch, daſs jedes Jahr, folglich auch das Indictionsjahr, einen feſten Anfang hat; nicht wer dieſes behauptet, ſondern Derjenige, der uns vom Gegentheile überzeugen will, muſs Beweiſe und ſchwerwiegende Beweiſe beibringen. Herr WILCKEN nennt meinen Erklärungsverſuch einfach, ich habe immer gehört, daſs das ‚Einfache' wahr iſt; Herr WILCKEN liebt aber das ‚Einfache' und Naheliegende nicht, vollends, wenn es in Wien auf die Welt gekommen iſt. Darum darf die Nilſchwelle nicht mit voller Regelmäſsigkeit alljährlich für Aegypten beginnen. Und doch hat die ‚ſchwankende' Nilſchwelle die ägyptiſchen Prieſter wie die Kopten und Araber unſerer Tage nicht gehindert, die Phaſen derſelben, die Niltage, an ganz beſtimmten Tagen des Kalenders feſtlich zu begehen. Trat auch wirklich eine Differenz von ein Paar Tagen zwiſchen Feier und Eintritt der Phaſe ein, ſo war diefs wahrlich kein Grund, durch Aufſtellung eines ſchwankenden Indictionsanfanges der gröſsten Willkür Thür und Thor zu öffnen.

Kommen daher in den Papyrus einzelne verhältnifsmäſsig ſeltene Datirungen vor, welche mit einem Indictionswechſel in der zweiten Hälfte des Payni ſich nicht vereinigen laſſen, ſo bleibt nichts Anderes übrig, als dieſelben als Ausnahmen von der allgemeinen Regel aufzufaſſen, welche, wie bereits bemerkt, die Folge ungünſtiger allgemeiner Verhältniſſe, alſo vor Allem einer mangelnden oder übermäſsigen Nilſchwelle waren. Derartige ſchlechte Niljahre waren nicht die Regel. So bemerkt Abdellatif (Historiae Aegypti Compendium, ed. White S. 187 ff.), daſs in dem langen Zeitraume der erſten 596 Jahre der Hidſchra das Anwachſen des Nils nur zweimal die Höhe von etwas über zwölf, nur ſechsmal die von über dreizehn, nur zwanzigmal die von vierzehn Ellen erreichte. Nimmt man noch die Jahre dazu, in denen die Nilſchwelle nur fünfzehn Ellen erreichte und die, in welchen ſie übermäſsig auftrat, ſo wird man etwa 15% der ganzen Reihe herausbekommen. Das ſind die Jahre, in denen die Regierung zu ungewöhnlichen Maſsnahmen zu Abweichungen von der beſtehenden Regel, vor Allem zu Steuernachläſſen, Erleichterungen in der Abzahlung der Rückſtände u. ſ. w. ſich genöthigt ſah.

Aus allen dieſen Erörterungen tritt der Zuſammenhang zwiſchen Indictionsanfang und Vollendung der Ernte klar hervor. Auch hierin zeigt ſich die Abhängigkeit deſſen, was mit dem Beginne des vierten Jahrhunderts im ganzen römiſchen Reiche Uebung ward, von den altägyptiſchen Einrichtungen. Wie für Aegypten die Vollendung der Ernte im Payni den Beginn des Steuerjahres bezeichnete, ſo ward im übrigen Reiche der September, in den die Vollendung der Ernte fiel, der erſte Monat des Indictionsjahres.

---

[1] Aegypt. Zeitſchr. 1885, 10 ff. In dem genannten Berliner Papyrus iſt Zeile 1 nicht ⲁⲛ von ⲉⲧ zu trennen, ſondern ⲁⲛⲉⲧ (= ⲁⲛⲁⲧ) zu leſen. Zeile 4 ſteht das in den Papyrus Erzherzog Rainer häufig vorkommende Zeitwort ⲟⲧⲁⲧ.

Neben der verfchiedenen Indiktionsepoche gab es noch einen wefentlichen Unter-fchied zwifchen Aegypten und dem übrigen Reiche: die Steuern wurden in Aegypten nachträglich, für das abgelaufene Jahr gezahlt. Für die römifche Kaiferzeit bezeugen diefs die arfinoïtifchen Tempelrechnungen,[1] für die arabifche Zeit die Contracte, Kopffteuer-quittungen der erzherzoglichen Sammlung (KARABACEK). Die Erklärung diefer Erfcheinung liegt in den allgemeinen Verhältniffen. Der Herr des Grund und Bodens ift Pharao, die einzelnen Bauern find feine Pächter.[2] Nach Ablauf des Niljahres, beim Abfchluffe der Ernte, werden die Steuern vom Erträgniffe derfelben abgezahlt, ähnlich wie in den unten (S. 23 ff.) zu befprechenden koptifchen Schuldfcheinen, die im Verlaufe eines Niljahres gewährten Darlehen am Beginne des nächften abgezahlt werden. In der Kaiferzeit zahlte man im Jahre 14 die Steuern für das Jahr 13, und ebenfo zahlte man in der vierzehnten Indiktion die dreizehnte ab. Verglichen mit dem übrigen Reiche glich die dreizehnte ägyptifche Indiktion die vierzehnte des Reiches aus. In diefem Sinne möchte ich die Angabe des bereits (S. 15) erwähnten Papyrusfragmentes auffaffen, wonach eine dreizehnte Indiktion des Nils gleichgefetzt wird einer nicht näher bezeichneten vierzehnten Indiktion.

Das war die Regel, an Ausnahmen von derfelben hat es auch hier nicht gefehlt. In einem bereits publicirten griechifchen Papyrus[3] vom Pachons der achten Indiktion hat man es erft mit den Steuern der fechften Indiktion zu thun, die fonach erft von der Ernte am Anfange der neunten Indiktion abgezahlt wurden. Wer kein Freund von ‚Ausnahms-theorien‘ ift, könnte auf Grund diefes Papyrus zu gar merkwürdigen Schlüffen über die Steuerverwaltung Aegyptens kommen.

In der arabifchen Zeit hielt man an den alten Einrichtungen feft, vor Allem an dem Indiktionsanfange im Payni. Das letztere ift von STERN[4] beftritten worden, ich gebe kurz die Belege.

Die grofse Maffe der koptifchen Urkunden ift, wenn überhaupt, nur nach Indiktions-jahren datirt, ich kenne vorläufig nur zwei, welche eine andere Datirung tragen. Es find dies die folgenden:

Koptifcher Papyrus Nr. 317: ⲉⲧ ⲣ̅ϥ̅⳦

Koptifcher Papyrus Nr. 999: ⲉⲧ ⲣ̅ϥ̅ⲏ̅

Man kann aus palaeographifchen Gründen bei diefen Stücken nicht an die Dio-cletianifche, fondern nur an die Aera der Hidfchra denken. Bei dem Umftande, dafs diefe zwei Stücke nur um ein Jahr von einander abftehen, wird man wohl die Vermuthung ausfprechen können, dafs die Datirung nach Jahren der Hidfchra in koptifchen Texten erft im Anfange des IX. Jahrhunderts allgemeiner üblich wurde. Trotz des Mangels einer feften Datirung fteht aus palaeographifchen und inneren Gründen feft, dafs der bei Weitem

---

[1] WILCKEN, Arfinoïtifche Tempelrechnungen aus dem Jahre 215 n. Chr. Hermes, XX, 430 ff.

[2] Herodot II, 109: κατα\νείμαι δὲ τὴν χώρην Αἰγυπτίοιcι ἅπαcι τοῦτον ἔλεγον τὸν βαcιλέα, κλῆρον ἴcον ἑκάcτῳ τετράγωνον διδόντα, καὶ ἀπὸ τούτου τὰς προcόδουc ποιήcαcθαι, ἐπιτάξαντα ἀποφορὴν ἐπιτελέειν κατ' ἐνιαυτόν. Diodor I, 74: οἱ μὲν οὖν γεωργοὶ μικροῦ τινος τὴν καρποφόρον γῆν τὴν παρὰ τοῦ βαcιλέωc καὶ τῶν ἱερέων καὶ τῶν μαχίμων μιcθούμενοι διατελοῦcι τὸν πάντα χρόνον περὶ τὴν ἐργαcίαν ὄντεc τῆc χώραc.

[3] WESSELY, Prolegomena, S. 17.

[4] Aegypt. Zeitfchr. 1884, 160 ff.

gröfste Theil der koptifchen Papyrus Erzherzog Rainer den zwei erften Jahrhunderten der Hidfchra angehört. Die koptifchen Papyrus wimmeln geradezu von arabifchen Namen. Wie denn überhaupt nicht felten koptifche Briefe von Arabern an Araber, fo des Abû 'Alî an Jezîd (Kopt. Pap. Nr. 803) oder an Kopten vorkommen. In einem derfelben, einer Schuldverfchreibung (Kopt. Pap. Nr. 18), erfcheint die Frau des Abrahîm ⲧⲉⲓⲙ[ⲓ] ⲛⲁⲃⲣⲁϧⲓⲙ, wohnhaft in der Stadt Faijûm (Arfinoë) ⲉⲥⲟⲧⲉϧ ⲉⲛⲟⲗⲓⲥ ⲡⲓⲁⲙ. Der Name ⲁⲃⲣⲁϧⲓⲙ wird im Kopt. Pap. Nr. 1738 ⲁⲛⲣⲁϧⲓⲙ gefchrieben, ähnlich wie ⲁⲃⲁ̅ⲉⲗⲗⲁ (Kopt. Pap. Nr. 11) und ⲁⲛⲧⲉⲗⲗⲁ (Kopt. Pap. Nr. 1118) oder ⲁⲃⲁ̅ⲉⲣⲁⲙⲁⲛ (Kopt. Pap. Nr. 11) und ⲁⲛⲁ̅ⲉⲣⲣⲁϧⲙⲛ (sic!, Kopt. Pap. Nr. 1361). Der Schuldner erklärt der genannten Frau, er werde ihr die geliehenen 38 Chus gekochten Weines zurückftellen zur Zeit der Ernte der neunten Indiction:

$$\overset{\pi}{\text{ⲥⲓⲧⲓ ⲙⲁⲧ ⲛⲉ ⲙⲛⲭⲱⲱⲗⲉ ⲙⲛⲛⲁⲣ ⲉⲧⲥⲉⲛ ⲝ̅ ⲛⲁⲧⲁⲙⲫⲓⲃⲟⲗⲓⲁ.}}$$

Ausgeftellt ift die Urkunde am 8. Tybi der achten Indiction. Man fieht, die Verhältniffe der griechifchen Zeit dauern fort, der Indictionswechfel findet im Payni ftatt.

Der koptifche Papyrus Nr. 49 enthält eine Schuldverfchreibung des Chaël, des Sohnes des Abraham, an Theodoros, dem Sohne des Jofeph. Zeile 5 erklärt fich Chaël bereit, die geliehenen Weinquantitäten zurückzuerftatten in der Ernte der elften Indiction:

$$\overset{\omega}{\text{ⲧⲓⲉⲛⲉⲧⲓⲙ ⲧⲁⲙⲉⲛ ⲗⲁⲧ ϧⲟⲧⲱⲩⲩ ⲉⲛⲕⲟⲧⲧⲓ ϧⲉ ⲛⲕⲁⲣ ⲓⲁ ⲓ}}\text{ⲛ}^{b}/ \overset{\pi}{\text{ⲛⲁⲧⲁⲙⲫⲟⲓⲃⲟ}}^{\text{ⲗ}}.$$

Diefe Formel wird erläutert durch andere mehr oder weniger correct gefchriebene, z. B.:

Koptifcher Papyrus Nr. 1315: ⲧⲓⲉ ⲛⲉⲧⲓⲙⲟⲥ ⲧⲁⲙⲉϧ ⲗⲁⲧ ϧⲉ ⲛⲟⲧⲱⲩⲩ ⲉⲛⲛⲟ ϧⲉ $\overset{\tau}{\text{ⲛ}}$ⲕⲁⲣ $\overset{\pi}{\text{ⲓ}}$ⲛ^{b}/θ.

Koptifcher Papyrus Nr. 1286: ⲧⲉⲛⲙⲉϧⲛ ⲉⲗⲁⲧ ⲛⲁⲧⲗⲁⲟⲧ ⲛⲁⲙⲫⲓⲃⲟⲗⲓⲁ.

Koptifcher Papyrus Nr. 684: ⲧⲓⲁ ⲛⲉⲧⲓⲙⲟⲥ ϧⲉ ⲛⲟⲧⲱⲩⲩ ////

Koptifcher Papyrus Nr. 720: ⲧⲓⲥ ⲛⲉⲧⲓⲙⲟⲥ ⲧⲁ ///

Koptifcher Papyrus Nr. 15: ⲧⲓⲛϧⲧⲧⲉⲙⲱⲥ ϧⲙ ⲛⲟⲧⲱⲩⲩ ⲙⲓⲛⲟⲧϯ.

Koptifcher Papyrus Nr. 1286: ⲧⲓⲱ ⲉⲛϧⲉⲁ̅ⲧⲙⲟⲥ.

Koptifcher Papyrus Nr. 545: ⲧⲓⲱ ⲛⲏⲁ̅ⲛⲙⲟⲥ ⲧⲁ ///

Koptifcher Papyrus Nr. 56: ⲧⲓⲥ ⲛⲉⲁ̅ⲛⲙ[////

Dazu kommt noch der Berliner Papyrus VII[1] ϯⲉ ⲛⲉⲧⲉⲙⲟⲥ ⲛⲉⲧ ⲛⲓⲃ.[2]

Die koptifchen Urkunden aus Schmun geben ⲧⲓⲟ ⲛϧⲣⲉⲧⲟⲓⲙⲱⲥ, wie fie auch für gewöhnlich ftatt ⲙⲉϧ das griechifche ⲛⲗⲏⲣⲟⲧ geben. Man fieht, die Verftümmelungen, welche griechifche, aber auch koptifche Ausdrücke, namentlich in häufig vorkommenden Formeln haben erfahren müffen, find oft fehr bedeutende. So finden wir in dem bereits oben befprochenen koptifchen Papyrus Nr. 18: ⲛⲣⲟⲥ ⲛⲁⲛ[ⲓⲛ]ⲧⲏⲛⲟⲥ oder

Koptifcher Papyrus Nr. 1350: ⲛⲣⲟⲥ ⲛⲁⲛⲛⲏⲧⲓⲛⲟⲥ,

Koptifcher Papyrus Nr. 138: ⲛⲣⲟⲥ ⲛⲁⲛⲧⲏⲧⲉⲛⲟⲥ — es ift das griechifche κίνδυνος.

Das Wort ⲛⲟⲗⲗⲏⲛⲧⲁⲣⲉⲥ, welches ebenfalls im koptifchen Papyrus Nr. 18 (vergl. auch den koptifchen Papyrus Nr. 1356: ⲉⲓⲉϧⲉⲓ ⲙⲛⲓⲁⲛⲟⲧ ⲫⲁⲧⲥⲟⲉ ⲛⲛⲱⲗⲟⲛⲧⲁⲣⲓⲥ) vorkommt, ift das

---

[1] Aegypt. Zeitfchr. 1885, S. 15.

[2] Der koptifche Papyrus Erzherzog Rainer Nr. 1061 gibt : ⲛⲉⲧ ⲛⲓⲃⲓ : ebenfo kopt. Pap. Nr. 302 ⲛⲉⲧ ⲛⲓⲃⲓ.

griechifche κολλεκτάριος,[1] vgl. HULTSCH, Metrol. Script. Rell. I, 307: κολλεκτάριος, ὁ ἀργυραμοιβὸς ἤτοι ὁ κέρμα ἀντὶ ἀργύρου ἀλλασσόμενος τραπεζίτης, ὁ ἀργυροκράτης. Ferner ift ειιϭι wohl nichts Anderes, als das griechifche ἐποίκιον, indem das koptifche σ, wie in ϭιϫϫρις (= κίϭαρις) und ϭιτρε (= κίτρον), ein griechifches κ vertritt. Es kommt vor im koptifchen Papyrus Nr. 5: ιιτεϫϫωει ιιειιϭι und in einem von STERN mitgetheilten koptifchen Papyrus: ϫε ϥεπϫε ιιϫκϫιιιιι εϭεϭοτιι πεκειιϭι εϫε....

Im Berliner Papyrus V, Zeile 3, ift ϥιιεϫϊ das griechifche ὑπέχειν.[2] Aus ἐπιστολή[3] wird ειιιεττϫιι (Kopt. Pap. Nr. 29), daneben findet man aber auch ειιιετωϫιι (Kopt. Pap. Nr. 126); aus χαρτουλάρης wird mit Beobachtung der Lautgefetze des koptifchen Faijûmer Dialeêtes χϫϫτοτϫϫρις (Kopt. Pap. Nr. 25) und χϫϫτοϫϫριις oder mit dem im Aegyptifchen gewöhnlichen Wechfel von ρ, ϫ und ιι auch χϫϫτοτιιϫρες (Kopt. Pap. Nr. 665) und χϫϫτοτιιϫρι (Kopt. Pap. Nr. 406).

Der koptifche Papyrus Nr. 49, zu dem wir nach einer kleinen Digreffion zurückkehren, ift datirt vom 21. Mechir der vorhergehenden, zehnten Indiêtion.

Der koptifche Papyrus Nr. 1286 ift datirt vom 25. Phamenoth der vierten Indiêtion, die Schuld foll abgezahlt werden ειικϫριιωε πεμτης ιιϭ/. Alfo allüberall diefelbe Erfcheinung; weitere Beifpiele anzuführen erfcheint überflüffig.

In der Steuerverwaltung trat unter den Arabern kein nennenswerther Unterfchied ein, im Gegentheile hat fich das arabifche Mondjahr dem ägyptifchen Sonnenjahre unterordnen müffen. Man ift in der Weife vorgegangen, dafs man alle 33 Jahre ein Jahr ausfallen liefs. Am Beginne eines derartigen Cyclus, der naturgemäfs zu der Zeit beginnen mufste, da der erfte Monat des Mondjahres, der Muharrem, mit dem Payni zufammenfiel, zahlte man die Steuern im erften, nach drei Jahren im zweiten Monate, und zwar immer, wie bemerkt, für das vorhergehende Jahr, bis man endlich nach Ablauf des Cyclus dazu kam, die Steuer für das Jahr x im letzten Monate des Hidfchra Jahres x + 1 zu zahlen. Es

---

[1] Aehnlich wie πωμαρίτης zu κοϫϫριτιι wird, vgl. WESSELY, Revue égyptologique 1885, pag. 172.

[2] Aegypt. Zeitfchr. 1885, S. 12. In der vorhergehenden Zeile ift fchwerlich ein Mann τϫϫεοτοιιϫ genannt, wie STERN vermuthet. τϫϫεοτ heifst ,die Mutter', vgl.

Kopt. Pap. Nr. 254: ιιρϳοειιτ τϫϫϫϫϊτ εϫϫεοτ ιιϫϫ[ος.

Von ihr ift auch am Schluffe des Berliner Papyrus die Rede.

[3] Von ϫρετιι wird correêt, vgl. STERN, §. 24, im kopt. Pap. Nr. 74 der Plural gebildet

κϫτϫ πεϫρετιιοτ τιιροτ ιιιιιιοτ.

Das räthfelhafte Wort ϫιιοκ im Berliner Papyrus Nr. III, über welches STERN nicht einmal eine Vermuthung wagt, ift wohl das griechifche ἀπόκρισις, Antwort. Es kommt vor in der Stelle:

ϫϥϫ ιϳοιι εϫε τεκ(ϫ)ιιτϭϫιι χϥιϫ ιιοτϫιιοκ
τειιϭϥει ιιει . . . . . .

alfo am Ende der Zeile, wo der Abkürzungsftrich abgebröckelt oder überfehen fein kann. Verglichen mit den Stellen

Kopt. Pap. Nr. 766: ϫτω ιιϳιωιιιι τετιιϫϫιιτϫϥοεις ιιεϫϭτε ιιοτϫιιοκρεϭις εϭϫϊ ιιϫϊ.

Kopt. Pap. Nr. 757: /// χϥιϫ ιιοτϫιιοτρ ////

Kopt. Pap. Nr. 268: εϭει ιιει ϥι οτϫιιοκρις ϥιϫ u. f. w.

ift kein Zweifel, dafs die fragliche Stelle zu überfetzen ift ,und wenn Du Bruder eine Antwort brauchft, fo fchreibe es mir'.

ift begreiflich, dafs man nun gleich darauf im erften Monate des Jahres $x + 2$ nicht wieder Steuern zahlen konnte, es mufste fonach diefes Jahr als Steuerjahr ausfallen.

Es ift an fich möglich, dafs das Indictionsjahr durch den Umftand, dafs die Steuerjahre fortlaufend feit dem Beginne der Hidfchra gezählt wurden, man fonach nicht die Steuer der x. Indiction, fondern des x. Jahres feit der Hidfchra zahlte, feine urfprüngliche Bedeutung verlor und feine Epoche auf den 1. Thoth angefetzt wurde.[1] Ob und wann diefs gefchehen, wiffen wir nicht. Die Papyrus Erzherzog Rainer, die in allen diefen Fragen fo treue Führer waren, bieten über diefe letzten Ausläufer des Indictionswefens vorläufig noch keinen Auffchlufs.

---

[1] Wie WILCKEN, der die von STERN gegebene Erklärung des in den koptifchen Papyrus von Bulaq vorkommenden ⲁⲣⲭ/ verwirft (l. c. S. 281 A. 1), die anderen Daten desfelben erklärt, erfahren wir leider nicht.

WIEN, 8. September 1886.

J. Krall.

ZUR NIL-INDICTION.

„Jedermann kennt aus unferen Kalendern die Römerzinszahl oder Indiction (15-jähriger Steuercyclus), ohne sich indefs viel Rechenfchaft darüber geben zu können, da diefe kalendarifche Inftitution heutzutage völlig bedeutungslos ift. Während des Mittelalters aber war fie von der äufserften Wichtigkeit, denn jede Urkunde ift nach diefen Indictionen datirt. So bekannt nun auch diefe Thatfache den Quellenforfchern ift, ebenfo unbekannt ift der Urfprung diefer Einrichtung. Schon in ältefter Zeit war man darüber im Unklaren, indem unfere Quellen nicht einmal die Epoche der Einführung genau anzugeben wiffen; in neuerer Zeit aber find von Theologen, Hiftorikern und Juriften gewaltige Fehden geführt worden, um Licht in diefe Sache zu bringen. SAVIGNY brachte die Einrichtung mit der Steuerverfaffung in Verbindung, als wäre fie eine Indictio fiscalis, MOMMSEN hingegen dachte mehr an eine Indictio Paschae.'

Mit diefen knappen und zutreffenden Worten [1] ift der Stand der Indictionenfrage bis auf die neuefte Zeit charakterifirt worden. Bekanntlich hatte ich [2] in meinen Prolegomena aus dem mir damals zugänglichen fehr befcheidenen Material die Exiftenz einer eigenthümlichen Indiction in Aegypten erwiefen; an meine erften und wenigen Worte hat fich mittlerweile eine kleine Literatur angefchloffen, die mitunter auch unerquickliche und unfruchtbare Producte aufzuweifen hat.[3] Diefe Zeilen verfolgen nur den Zweck, in die Frage neue Gefichtspunkte zu bringen und einen Fortfchritt zu ermöglichen.

Da Ausdrücke wie ἀρχῇ und τέλει bei den Indictionsangaben eine verfchiedene Deutung erfahren,[4] fo find meine Bemühungen darauf gerichtet gewefen, einen unläugbaren

---

[1] Oefterreichifche Monatsfchrift für den Orient vom 15. September 1885, pag. 183 (in einem populär gehaltenen Auffatze, deffen Charakter man nicht verkennen kann, wenn man überhaupt erkennen will).

[2] Herr L. STERN (Zeitfchr. für ägypt. Sprache, 1884, pag. 160) hat darauf mit oder ohne Abficht vergeffen.

[3] So das jüngfte Erzeugnifs (Hermes, XXI, 277), in welchem Herr U. WILCKEN, in vermeffentlichem Vertrauen auf meine bisher geübte Nachficht, mit den ftärkften Ausdrücken arbeitet, blofs um die Lefer über den Rückzug hinwegzutäufchen, den er von feiner früheren Stellung (Hermes, XIX, 293) antritt; wir kommen darauf in den Anmerkungen zu fprechen. In diefe Kategorie gehört auch L. STERN's Erklärung von αρχ mit ἀρχαῖον; griechifch hiefse es nämlich κατὰ τοὺς ἀρχαίους.

[4] Sie wurden entweder in weiterem oder in engerem Sinne aufgefafst, nur Herrn WILCKEN war es vorbehalten, mit feiner Sophiftik, ja mit Wortklauberei, in einem Athemzuge für diefe zwei grellen Gegenfätze zugleich einzutreten. Um fein Verfahren zu illuftriren, fetze ich folgende Citate nebeneinander: Hermes, XIX, 295, Zeile 3 ff. v. o.: „Von diefer Bafis aus bleibt alfo kein Grund mehr, die Worte ἀρχῇ und τέλει in weiterem Sinne zu faffen. Andere Gründe find dafür ebenfowenig zu finden. Ohne diefe Frage bei dem jetzigen Material beftimmt entfcheiden zu wollen, will es mir doch fachlich wahrfcheinlicher und dem fprachlichen Ausdruck

Anfangspunkt für ein Indictionsjahr zu finden; dies gelang mir durch die Aufstellung einer Reihe fast gleichzeitiger Urkunden aus der Oelrechnung eines Klosters, welche zeigen, dafs im Jahre 647/8 und 648/9 die Indictionenwende in die Zeit zwischen 25. Juni V und 7. Juli VI, respective 25. Mai VI und 2. Juli VII fiel.

Es sei hinzugefügt, dafs ich als die weiteste Amplitude für die Bezeichnungen τέλει und ἀρχῇ den 22. Epiphi τέλει, respective den 27. Phaophi ἀρχῇ[1] fand, natürlich fallen Angaben wie ἐπείφ κ∠ ἀρχῇ πρώτης ἰνδικτιῶνος (P. E. R. Nr. 682, Ausst.) μεϲορὴ ἀρχῇ ∠′ ἰνδικ., θὼθ ἀρχῇ[2] dazwischen.

Wie ich schon in den Prolegomena angedeutet und KRALL bewiesen hat, hängt diese exceptionelle Indiction Aegyptens mit der Haupteigenthümlichkeit des Landes, seiner wirthschaftlichen Abhängigkeit vom Nil, zusammen. Nichts ist in den Contracten häufiger, als die Zusage, im Monate Payni, also zur Zeit der Ernte,[3] seiner Verbindlichkeit nach-

---

angemessener erscheinen, ἀρχῇ und τέλει auf den ersten und letzten Tag des Indicationsjahres speciell zu beziehen.' Hermes, XXI, 279, Zeile 20 v. o.: ‚KRALL irrt sich daher, wenn er a. a. O. sagt, ich habe ‚behauptet', τέλει und ἀρχῇ seien nur auf je einen Tag zu beziehen.' Hier sleist sich WILCKEN nur auf das Wort ‚behauptet', und während er Hermes, XXI, S. 285, §. 1 der Indictionsglaubensartikel im entschiedenen Gegensatze zum Früheren behauptet, ‚die in Aegypten übliche Indictionsepoche war nicht wie im übrigen Reich an ein festes Kalenderdatum gebunden, sondern wurde alljährlich bald für diesen, bald für jenen Tag angesetzt', ruft er dem Leser triumphirend zu, Hermes, XXI. 277: ‚HARTEL selbst hat inzwischen rückhaltslos meinen hierauf bezüglichen Ausführungen beigestimmt, ebenso L. STERN.' Beispiele ähnlicher nergelnder Wortklauberei und Nichtver-stehens passim.

[1] Dafs der Pariser Papyrus Nr. 21 bis παϋνι κ ἀρχῇ ια ἰνδ. biete, ist nur WILCKEN's Conjectur; das Facsimile ist nicht deutlich (Hermes, XIX, 294).

[2] Es ist mir unbegreiflich, wie der oben genannte Herr WILCKEN an θὼθ . . . ἀρχῇ τῆς αὐτῆς ἰνδικ-τιῶνος noch immer einen Anstofs finden kann. Er sagt, Hermes, XXI, 280, A 2: ‚HARTEL hält WESSELY's Lesung und Ergänzung der in Frage stehenden Zeilen μηνὸς θὼθ . . ἀρχῇ τῆς αὐτῆς ἰνδικτιῶνος für zweifelhaft . . . ich habe kein Urtheil über die Giltigkeit der Lesung.' HARTEL's Worte sind (Wiener Studien, V, pag. 8): ‚τῆς αὐτῆς wäre in dieser Verbindung auffällig und ohne Beispiel.' Wir sind in der glücklichen Lage, Beispiele bieten zu können:

P. E. R. επειφ κγ αρχ τ⁷ αυτ ∠ ιν⸗ = ἐπείφ κγ′ ἀρχῇ τῆς αὐτῆς ∠′ ἰνδικτιῶνος.

θὼθ ια τ⁷ αυτ ιβ ιδ = θὼθ ια′ τῆς αὐτῆς ιβ′ ἰνδικτιῶνος.

μηνὸς τυβι τ⁷ αυτ ιε ινδ.

φαρμ⁸ κ τ⁷ αυτ[ινδ.

μεχιρ ιζ της αυτ εβδομης ινδ und μ˟ ιδ τ⁷ αυτ η ιν⸢.

αθυρ η τ⁷ αυτ τεταρτης ινδ.

επειφ η τ⁷ α⁷ ∠ ινδ.

αθηρ ϲκ τ⁷ αυτ ⸰ ινδ.

μεϲορ γ τ⁷ αυτ ⸰ ινδ.

χοιακ τ⁷ αυτ ⸰ ινδ.

χοιακ μηνος της αυτης τεϲϲαραϲκαιδεκατης ινδ.

μηνι παυνι ιδ τελει της αυτης δωδεκατης ιν⸗.

Musées nationaux, Nr. 7398: τυβι η της αυτ εκτης ιν⸗.

Nichts ist häufiger als diese Verbindung und ich könnte die Beispiele beliebig vermehren. Man könnte daher entweder den Vorwurf völliger Kritiklosigkeit gegen Herrn WILCKEN erheben, oder auch annehmen, dafs es sich darum handle, abträgliche Meinungen zu erregen.

[3] Worauf für die arabische Zeit schon im Jahre 1882 Professor KARABACEK (Denkschr. der Wiener Akad. XXXIII) aufmerksam gemacht hat.

4*

kommen zu wollen; dafs nun wirklich mit Payni der Erntemonat der Hauptproducte des Landes gemeint ift, zeigt eine parallele Angabe: „ich werde dir zahlen im Monate der Ernte der glücklichen XIII. Indiction", oder „ich werde dir zahlen zur Zeit der Ernte" oder „der Weinlefe". Der Ausdruck ἀποδώcω coι ἐν μηνὶ παυνὶ findet fich namentlich auch in den Pachtverträgen, welche vom Anfang des dritten Jahrhunderts an bis ins IV. hinein genau nach demfelben Formulare abgefafst, fehr lehrreich für das Aufkommen und die Bedeutung der Indiction find. Und in diefen Monat Payni fällt fo oft die Indictionswende.

Zu voller Gewifsheit[1] wird aber der Zufammenhang der Indiction in Aegypten mit der Nilfchwelle durch ein Fragment (saec. IV/V.), das für diefe Frage von Bedeutung ift; es lautet fo:

1 τριϲκαιδεκάτηϲ ἰνδικτιῶνοϲ Νείλου ἰϲομένηϲ
2 τεϲϲαρεϲκαιδεκάτηϲ ἰνδικ ὑπὲρ ξεϲτῶν τεϲϲάρων
3 τρίτου χρυϲοῦ νομιϲμάτια ὀκτὼ τρίτον.

Was die Frage nach dem Urfprunge der Indictionen betrifft, fo ift hervorzuheben, dafs diefe Einrichtung von weltgefchichtlicher Bedeutung ein fo ungemein zähes Leben gehabt; es ift nun fchwer anzunehmen, dafs eine folche Inftitution fo ganz einfach mit der Morgendämmerung des 1. September 312 n. Chr. ihren Anfang nahm, um dann weiter in regelmäfsigem Fortgang das übrige vierte und die folgenden Jahrhunderte auszufüllen; denn felbft Indictionen aus der erften Hälfte des IV. Jahrhunderts, mehrfach in den Papyri Erzherzog Rainer vorhanden, ftimmen. Man hat nun auf einen 15-jährigen Zeitraum in der Steuergebarung unter Hadrian hingewiefen, der ja auch fonft die Grundlinien für die fpätere Verwaltung zog (MOMMSEN, St. R., II, 975). Wir glauben in einer anderen Hinficht in diefer Frage vorgedrungen zu fein.[2] Es ift bekannt, dafs Conftantin vielfach an Diocletians Neueinrichtungen anknüpfte und beide Kaifer wieder an gegebene Verhältniffe. Es fei hier auf parallele Erfcheinungen im Münzwefen hingewiefen. Diocletians Münznorm zeigt deutlich die Anlehnung an das Syftem des griechifchen Talentes bis herab zum Obolus (HULTSCH, pag. 336). Dafs Conftantin bei der weiteren Verfolgung von Diocletians Ideen 6000 Denare auf den Solidus rechnete, war eine Anknüpfung an die ägyptifche Provincialordnung, in welcher von je her das Goldftück gleich einem Talente Kupferdrachmen gegolten hatte (pag. 338). Ich meine nun, dafs ähnliche Anregungen zu Conftantins Indictionsrechnung vorhanden waren. Zwar die indictionum enormitas bei Lactantius de m. p. c. 7 (inducta lex noua Victor c. 39?) ift nicht beweifend, ebenfo der ftrenge Cenfus des Galerius (de m. p. c. 33) um jene Zeit. Gleichwohl müffen wir uns erinnern, dafs die Erforderniffe für die Beamtenfchaft etc. unter Diocletian fich nicht minder geltend machen mufsten, wie in der

---

[1] Herr WILCKEN wird fich beeilen müffen, nochmals über die Indictionsrechnung zu fchreiben, um neuerdings einen finnreichen Rückzug bewerkftelligen zu können. Denn l. c. pag. 285, §. 1 heifst es von der Indictionsepoche, ‚fie wurde alljährlich bald auf diefen, bald auf jenen Tag angefetzt'. Diefer Gedanke mochte ihm bei der Lecture meiner Bemerkungen zu den griechifchen Papyri im ägyptifchen Mufeum zu Berlin p. 113 aufgetaucht fein, wo es heifst: ‚Alle 17 Quoten langen an demfelben Tage ein, wie in Folge einer Termin-anfagung.' WILCKEN vergifst, dafs es fich grundfätzlich nicht um indictio diei, fondern tributi handelt. Solche Anlehnungen und Entlehnungen find, nebenbei gefagt, nichts feltenes. Eine kleine Lifte nächftens.

[2] Meinen früheren Verfuch habe ich als unhaltbar erkannt, als mir die britifchen Oftraka zugänglich wurden; ich habe dies im vorigen Februar Herrn Profeffor v. HARTEL gelegentlich mündlich mitgetheilt.

Folgezeit; ähnliche Urfachen fchaffen ähnliche Wirkungen; der Weg der Münzverfchlech-
terung, durch welche fonft ein Acquivalent für die modernen Staatsfchulden geboten war,
wurde unter Diocletian nicht fortgefetzt; man mag auf eine der fpäteren ähnliche Praxis
gekommen fein, für welche das griechifche Wort ἐπινέμηcιc war. Auf diefe Erwägungen
brachte mich ein denkwürdiges Document aus dem Jahre 305. Es ift dies eine der Pacht-
urkunden, deren Formular im III. und IV. Jahrhundert fo lautete: ‚Ich habe von N. N. in
Miethe fo und fo viele Aruren, gelegen in . . . behufs Ausfaat von Weizen oder dergl. für
die Periode des Anbaues im Jahre . . . um die Miethfumme von . . . u. f. w. Zahlungs-
termin: Payni.‘ Die Anbauperiode bezeichnet man im Jahre 225 mit εἰc τὸν cπόρον τοῦ
ἐνεcτῶτοc ἔ ἔτουc (αὐτοκράτοροc καίcαροc Μάρκου Αὐρηλίου Ceουήρου 'Αλεξάνδρου), im
Anfange des IV. Jahrhunderts mit εἰc τὸν cπόρον τῆc ιΔϚ' νέαc Ἰνδικτιῶνοc; in der
Pachturkunde von 305 wird gemiethet: λοϒ. ἐπινεμήcεωc εἰc τὸν cπόρον τοῦ ἐνεcτῶτοc
καϟ καὶ ιϒϟ; der Ausdruck kehrt wieder in Zeile 3, ἐ[πινεμ]ήcεωc cίτου. Dafs Diocletian
im Grundfteuerwefen wichtige Anordnungen traf, ift bekannt.

Karl Weffely.

OBOLEN- UND CHALKUS-RECHNUNGEN.

Bis in das IV. Jahrhundert n. Chr. hinein zieht sich in Aegypten die Rechnung nach Talenten, Drachmen à 6 Obolen à 8 Chalkoi; in den Rechnungen werden nun auch für die kleinsten Theile Ziffern angewendet. Mit diesen Zeichen hängen, wie wir sehen werden, die altattischen zusammen; im Laufe der Zeit haben übrigens auch sie, besonders auf Papyrus, Veränderungen erfahren, und wir wollen uns hier zur Aufgabe setzen, eine Ordnung in die bisher noch nicht aufgeklärte, verwirrende Mannigfaltigkeit der Zeichen und Ligaturen zu bringen, welche die Cursive der römischen Kaiserzeit in die Obolen- und Chalkusrechnungen auf den Papyri und Ostraka hervorgebracht hat; es wird sich zeigen, dafs auch auf diesem Gebiete die wechselnden Formen nur auf Rechnung der ausgebildeten Cursive zu setzen sind und auf die der ptolemäischen Zeit zurückgehen. Bekannt sind die Zeichen schon lange von den Ostraka her, auf denen sich vielfach solche kleine Beträge erwähnt finden, allein sie bilden bis jetzt ein dunkles Capitel.

Wir geben vorerst die attischen Zeichen, für welche HULTSCH pag. 143 die Belege bringt:

ⱶ	für	1 Drachme	δραχμή
Ι	„	1 Obol	ὀβολός
C	„	½ Obol	ἥμισυ
T	„	¼ Obol	τεταρτημόριον
✕	„	⅛ Obol	χαλκοῦς.

Dazu kommen die handschriftlichen Formen (doch wohl aus späterer Zeit) HULTSCH pag. 144.

— Variante	∼	für	1 Obol
=		„	2 Obolen
S		„	3 Obolen
S—		„	4 Obolen.

Ich habe schon in den Sitzungsberichten der königl. sächsischen Gesellschaft der Wissenschaften 1885, pag. 243, auf die Aehnlichkeit römischer Zeichen und deren Varianten hingewiesen, wie für uncia —, für sextans =, Variante ⚏, für semis S, für septunx S—, für bes S=.

Da das ptolemäische Münzsystem die drei Metalle Kupfer, Silber, Gold fortwährend in genaue Relation zu einander zu bringen wufste, so finden wir in dieser Periode die Rechnung mit den Theilen der Silberdrachme bis auf die kleinsten Beträge der Chalkus-reihe genau ausgebildet, indem diesen noch immer ein gröfserer Betrag in Kupferdrachmen äquivalent gegenüberſtand. Die Zeichen ſind im Ganzen den attiſchen ähnlich und uns genau bekannt geworden durch die Dividirung in den Papyri der Zois (ed. PETRETTINI, PEYRON; Jahresbericht des k. k. Franz Joſeph-Gymnaſiums in Wien 1885, pag. 14, χαλκοῦ

οὗ ἀλλαγὴ τάλαντα δύο τετρακιϲχίλιαι — ἑξηκοϲτὴ ϲΕϟϝ alſo $\dfrac{2 \times 6000 + 4000}{60} = 266\dfrac{4}{6}$),

ferner unter anderem durch den Papyrus Sakkakini der von E. REVILLOUT ſehr verdienſtvoll herausgegeben worden iſt. Die Veränderungen in römiſcher Zeit beziehen ſich mehr auf die curſive Umformung, dann auf neue Varianten, z. B. für das 5 Obolen-Zeichen und das für ¼ Obol (4 Chalkoi); anderes weiter unten. Wir geben die Ueberſicht der ptolemäiſchen Zeichen (Revue égyptologique 1883, II).

Zeichen	Werth in Silber		in Kupfer-drachmen	
✕	¹⁄₄₈ Drachme,	¹⁄₈ Obol	2½ Dr.	χαλκοῦϲ
2 Varianten 2 2	¹⁄₂₄ ,,	¼ ,,	5 ,,	τεταρτημόριον
ϲ Variante ϶	¹⁄₁₂ ,,	½ ,,	10 ,,	ἥμιϲυ (ὀβολοῦ)
—	¹⁄₆	1	20 ,,	ὀβολόϲ
═	¹⁄₃	2	40 ,,	διώβολον
S	½	3 ,,	60 ,,	τριώβολον
S— Var. ϝ	⅔ ,,	4 ,,	80 ,,	τετρώβολον
S═	⅚	5 ,,	100 ,,	πεντώβολον
⊢ Var. ⟨	1	6	120 ,,	δραχμή

Beiſpiele: ϲ 2 das iſt ½ + ¼ Obolen
      — ϲ das iſt 1 + ½ Obolen
      ϲ 2 das iſt ½ + ¼ Obolen
      ϲ ⌇ = ϲ / S das iſt ½ mehr 2½ gibt 3 Obolen.

Wir reconſtruiren demnach die Chalkusreihe

      1 Chalkus ✕
      2 ,, ſiehe τεταρτημόριον 2
      3 ,, 2✕
      4 ,, ſiehe ἥμιϲυ ϲ
      5 ,, ϲ✕
      6 ,, ϲ 2
      7 ,, ϲ 2✕
      8 ,, ſiehe ὀβολόϲ —.

Bevor wir dies Syſtem der römiſchen Zeit tabellariſch geben, laſſen wir eine Anzahl Beiſpiele aus den Oſtraka an uns vorüberziehen:

Britifches Mufeum 5822 (unfere Lefung nach der Photographie):
δραχ δυο οβολ ημιςυ /$β6, das ift Drachmen zwei, eines Obols Hälfte, das ift Dr. 2 Ob. ½.

Britifches Mufeum Nr. 14, 114 (desgl.):
αργυ̅ δρα δεκα εΕ J < ι 4, das ift Silberdrachmen fechzehn, das ift Dr. 16.

Britifches Mufeum Nr. 14, 117 (desgl.):
αργ $ δεκα επτα / $ ιΖ, das ift Silberdrachmen fiebenzehn, das ift Dr. 17.

Britifches Mufeum Nr. 14, 121 (desgl.) 5790 e.
υ' μεριςμου ποταμοφυλ θL ρυ' οβολουс δεκα, das ift für die Rate der Flufswacht des 9. Jahres zehn abgegriffene Obolen (ρυπαροὺς ὀβολούς; ρυ' ift wohl auch im Oftrac. 23 inédit FRÖHNERS, Zeile 167 enthalten).

Britifches Mufeum Nr. 14, 123, 5790 (desgl.):
δραχ οκτωι J < η παυνι ε̅ (ι)Ζ̅ αλλας δραχ εννεα / ομου J $ 0 Ι η J < ιΖ „Drachmen acht, das ift Dr. 8 am 5. Payni, am (1)7. Payni andere neun Drachmen, das ift zufammen S. Dr. 9 + 8, das ift Dr. 17."

Britifches Mufeum 5804 (desgl.):
δραχ εικοςι οβολ δυο J $ κ ⇌, das ift Drachmen zwanzig, Obolen zwei, das ift Dr. 20 Ob. 2.

Britifches Mufeum 5821 (desgl.):
δραχ δεκα επτα οβολ J < ιΖ —.

YOUNG Hierogl. 50, VI (nach dem Facfimile):
δραχ εικοςι οβολ δυο J < κ ⇇.

id. ibid. VII. (desgl.):
δραχ πεντε 6 ✗ γ̅, das ift ‚Drachmen fünf, Obol ½, Chalkoi 3', mit anderen Worten 5 Drachmen, 7 Chalkoi.

id. ibid. VIII. (desgl.):
δραχ δεκα επτα οβολ J < ιΖ —, das ift Drachmen fiebzehn, ein Obol, das ift Dr. 17 Ob. 1.

id. ibid. X, XI.
δραχ εικοςι οβολ δυο J < κ ⇌ Variante J < κ ≈, das ift Drachmen zwanzig, Obolen zwei, das ift, Dr. 20 Ob. 2.

id. ibid. XII:
δραχ δεκα εΕ οβολ J < ι 4 —, das ift Drachmen fechzehn, ein Obol, das ift Dr. 16 Ob. 1.

id. ibid. XVIII. .
< κ = ✗, das ift, Dr. 20, Ob. 2, Chalk. 1.

Zu wiederholten Malen las auch FRÖHNER folche Theilbeträge Nr. 33 δραχ(μας) δεκατεςςερες οβολ(ον) ημιοβλην διχαλκον Nr. 40 οβολ δεκατεςαρες J ιδ Nr. 39 δραχμας γ' και ημιςυ Nr. 14 δ'χαλκων.

Hier reihe ich Beifpiele und Rechnungsoperationen aus Papyrus an.

Papyrus Erzherzog Rainer vom 30. April 242:
δραχμας δεκα οβολους δυο / $ ι ⇌.

Wir lefen in anderen Papyrus des II./III. Jahrhunderts folgende Rechnungen:
$μ $ ιθ = 6 ✗ < β γ' J $ Εα γ' = 6 ✗ γ γ' = ✗ J < Εε γ' = < η J < ογ γ' ≈. 'Diefe längere Addition ift ganz richtig, wie man hier verfolgen kann.

```
          Dr. 40
          Dr. 19   Ob. 2 + 1/2 + 1/8
          Dr.  2   Ob. 3
   ─────────────────────────────────────
   Summe  Dr. 61   Ob. 5 + 1/2 + 1/8
          Dr.  3   Ob. 5 + 1/2
   ─────────────────────────────────────
   Summe  Dr. 65   Ob. 5
          Dr.  8
   ─────────────────────────────────────
   Summe  Dr. 73   Ob. 5
```

Man ſieht, daſs 2 Chalkus zu 1/2 Obol addirt, rund mit 1 Obol berechnet wurden, wie wir in Folgendem öfter bemerken können.

Papyr. id.:

⟨ιβ ſ ſ — ϛ ⌡ ⟨ιγ — ϛ, das iſt:

```
          Dr. 12   Ob. 3
                   Ob. 4 + 1/2
          ─────────────────────────
   Summe  Dr. 13   Ob. 1 1/2
```

Papyr. id.:

⟨ιβ ≈ ſ — ϛ ✕ ∼ ϛιγϛ ✕ ⟨β — ϛ ⌡ ⟨ιε ≈ ✕, das iſt

```
          Dr. 12   Ob. 2
                   Ob. 4 + 1/2 + 1/8
   ─────────────────────────────────────
   Summe  Dr. 13   Ob. 1/2 + 1/8
          Dr.  2   Ob. 1 + 1/2
   ─────────────────────────────────────
          Dr. 15   Ob. 2 + 1/8
```

Papyr. id.:

—✕ ✕⌡—ϛ, das iſt

```
                   Ob. 1 + 1/8
                   Ob. 1/8
          ─────────────────────────
   Summe  Ob. 1 + 1/2
```

Papyr. id.:

ϛβſ= —⌡⟨γ, das iſt

```
          Dr. 2   Ob. 5
                  Ob. 1
          ─────────────────────
   Summe  Dr. 3
```

Papyr. id.:

ϛεϛϛ⤬ ϛβϛϛ⤬Jϛη—ϛ ϛ⤬J ⟨ηϛ—ϛ⤬, das iſt

	Dr. 5	Ob. 3 + $\frac{1}{2}$ + $\frac{1}{8}$
	Dr. 2	Ob. 3 + $\frac{1}{2}$ + $\frac{1}{8}$
Summe	Dr. 8	Ob. 1 + $\frac{1}{2}$
		Ob. 3 + $\frac{1}{8}$
Summe	Dr. 8	Ob. 4 + $\frac{1}{2}$ + $\frac{1}{8}$

Papyr. id.:

νε—⤬ cλε— τιϲ—ϛ κϛ̔ϛ ιηϛ—ϛ ρπηϛ—⤬J ⟨ωλθϛϛ, das iſt

	Dr. 55	Ob. 1 + $\frac{1}{8}$
	Dr. 235	Ob. 1
	Dr. 317	Ob. 1 + $\frac{1}{2}$
	Dr. 24	Ob. 3
	Dr. 18	Ob. 4 + $\frac{1}{8}$
	Dr. 188	Ob. 4 + $\frac{1}{8}$
Summe	Dr. 839	Ob. 3 ÷ $\frac{1}{2}$

Papyr. id.:

⟨ιϲϛ═ϛ ϛα— J⟨ιθϛ, das iſt

	Dr. 17	Ob. 5 + $\frac{1}{8}$
	Dr. 1	Ob. 1
Summe	Dr. 19	Ob. $\frac{1}{8}$

Papyr. id.:

⟨cμϛϛ═ῶν ⟨ρπ ϛιαϛ—ϛ⤬ ⟨ιϛϛ ϛα⤬ ⟨λϛϛ, das iſt

	Dr. 180	
	Dr. 11	Ob. 4 + $\frac{1}{2}$ + $\frac{1}{8}$
	Dr. 16	Ob. 3
	Dr. 1	Ob. $\frac{1}{8}$
	Dr. 34	Ob. 3
Summe	Dr. 243	Ob. 5

Papyr. id.:

⟨ριϛϛ═ϛ ρι —ϛ ια≈ϛ J ⟨cλεϛϛ, das iſt,

	Dr. 113	Ob. 5 + $\frac{1}{2}$
	Dr. 110	Ob. 1 + $\frac{1}{8}$
	Dr. 11	Ob. 2 + $\frac{1}{2}$
Summe	Dr. 235	Ob. 3 + $\frac{1}{2}$

Aus diefen Rechnungen läfst fich leicht das Syftem abftrahiren, deffen Formen-reichthum, eine Folge der ausgebildeten Curfive, fofort in die Augen fällt.

Zeichen	Werth in Obolen	
✕ Varianten X̣, X̱ᵃ, ⊠	¹/₈ Obol	χαλκοῦc
. . . .		δίχαλκον
o Variante ϛ	¹/₂ ,,	ἡμιοβόλιον (vulgär ἡμιόβλιν), ἥμιcυ
— Var. ∼	1 ,,	ὀβολόc
⇌ Varianten ≈, ⇌	2	ὀβολοì δύο
ʎ Var. Υ	3 ,.	τριώβολον
ϝ	4	τέccαρεc ὀβολοί
ϝ (Var. Cᵀ)	5	πέντε ὀβολοί
⟨ Var. ϛ	6	δραχμή

Darnach geben wir die Chalkusreihe, die wohl fo fich zufammenfetzte:

1 Chalkus ✕
2 „ ✕β
3 „ ✕γ
4 „ ✕δ
. 5 „ ϛ✕ oder ✕ε
6 „ ϛ✕β oder ✕ϛ
7 „ ϛ✕γ oder ✕ζ
8 „ — (ὀβολόc)

Wir fchliefsen nunmehr noch eine Anzahl Beifpiele von Obolen- und Chalkus-angaben an, die wir nach dem Vorhergehenden leicht lefen.

Papyrus Erzherzog Rainer:

ʎιβ 'βψιδϛ✕ = Dr. 912 Dr. 2714 Ob. ¹/₂ + ¹/₈
'βχπεʎ = Dr. 2685 Ob. 3
ψλϛϛ = Dr. 736 Ob. ¹/₂
ἀψϑηϝϛ = Dr. 1798 Ob. 4 + ¹/₂
ἐχλ—ϛ✕ = Dr. 5630 Ob. 1 + ¹/₈ + ¹/₈

Leipziger Papyrus Nr. 25:

ϛλϛʎ   ϛη   ϛε⥮   μγϝϛ   ϛκϝϛ   ϛτϛη⇌
das ift Dr. 36 Ob. 3 Dr. 8 Dr. 5 Ob. 1 Dr. 43 Ob. 4¹/₂ Dr. 20 Ob. 5¹/₂ Dr. 398 Ob. 2

Nr. 27:

ϛι⇌   ϛαι⇌   ⟨α⥮   ϛλϛϝ   ϛλϛ✕ᵃ
das ift Dr 10 Ob. 2 Dr. 1 Ob. 5 Dr. 1 Ob. 1 Dr. 36 Ob. 4 Dr. 36 Chalk. 1

5*

Nr. 35:

	ζ η	ἰάωπη ϟ
das ift	Talente 8	Dr. 1888 Ob. 5

So verwirrend fich diefes Syftem für den Anfang ausnimmt, ebenfo leicht erfcheinen die Operationen in demfelben, fobald die Grundzüge feftgeftellt find; für die Obolen-rechnung find die Grundbeftandtheile nur zwei, nämlich — und ϟ'; daraus fetzt fich das Zeichen für 2 Obolen zufammen, und durch die Combinirung das für $3 + 1 = 4$ und $3 + 2 = 5$ Obolen; es verhält fich ϟ zu ϟ, wie — zu =.

Auffällig ift, dafs in den zahlreichen Beifpielen für diefe Rechnungen in römifcher Zeit, foweit fie mir bisher untergekommen, das Zeichen für $1/4$ Chalkus (τεταρτημόριον) vernachläffigt erfcheint; fprachlich ift der Ausdruck δίχαλκον aus einem Oftrakon bei FRÖHNER belegbar, in den oben vorgelegten Rechnungen werden zwei Chalkoi zu einem $ι = 1/2$ Obol in mehreren Fällen zufammengezogen. Eine Spur von einem Zeichen für $1/4$ Chalkus glaube ich höchftens in dem Leipziger Fragment Nr. 11 Verfo zu finden, wo fich neben Angaben wie $ιβ = ι$ Dr. 12 Ob. $2^1/2$, $α ϟο$ Dr. 1 Ob. $5^1/2$, $ιβΓ$ Dr. 2 Ob. 3, $ιζι$ Dr. 7 Ob. 3, $ιιβ =$ Dr. 12 Ob. 2 auch vorzufinden fcheint Zeile 5 ὄκνος α' $ι$ αϟ und Zeile 7 $α / = ι$ (Dr. 1 . . . Ob. $1/4$, Dr. 1 Ob. $5 + 1/4$?) Da ich bis jetzt keinen weiteren Anhaltspunkt für Vermuthungen habe, mache ich darauf aufmerkfam, dafs vielleicht doch eine verfchränkte Form des $ι$ ($1/2$ Obol) vorliegt, wie ja die Curfive in der Ausbildung neuer Formen fehr reich ift.

Wir kommen zum Schlufs auf den Verfuch zu fprechen, den Herr U. WILCKEN in den Obfervationes ad historiam Aegypti provinciae Romanae, Berlin 1885, pag. 56 ff unternommen hat, die Theilbeträge der Drachme zu entziffern. Sein Hauptfehler liegt darin, dafs er gänzlich vergafs, dafs es neben den Obolen auch noch Chalkus gibt. Darüber hätten ihn die Oftraka belehren können, die ja Herrn WILCKEN, wie diefer neuerdings verfichert, fo fehr bekannt find, dafs er darüber die Lefungen Anderer[1] vergifst, uneingedenk des Umftandes, dafs die feinigen fich auf wenige Worte befchränken, auf die er nicht oft genug zurückkommen kann (Zeitfchr. für ägypt. Sprache, 1883, pag. 11, Obfervationes pag. 54, Hermes XXI, 284 A.), dafs er von einem fo ausgezeichneten und höchft rühmenswerthen Gelehrten wie W. FRÖHNER geringfchätzig fpricht, welcher — ein merkwürdiger Zufall — in feinen Oftraca inédits unter Anderem auch von einem labor parvus cum clamore maximo redet. In diefen Oftraka alfo finden wir Nr. 14 (FRÖHNER) ὁ χαλκων Nr. 33 δραχμ. δεκατεσσερες οβολον ημιοβληΝ διχαλκον Nr. 12 $<κ = Χ =$ Drachmen 20 Obol. 2 Chalkus 1. So erkannte denn WILCKEN das Zeichen für $1/2$ Obol nicht, was vielfach Anlafs zu feinen Fehlern gibt; hätte er z. B. das Oftrakon des Britifchen Mufeums Nr. 5822, das photographirt vorliegt, gekannt, fo wären ihm durch die Doppelfchreibung δραχμὰς δύο ὀβολοῦ ἥμιςυ γίνεται $ιβι$ manche Fehler erfpart geblieben. Durch die Ausgabe der arfinoitifchen Tempelrechnungen, pag. VIII, Hermes XX, 437, find wir jetzt

---

[1] Ich bitte den Lefer aus meinen obigen Angaben über Oftraka (und Wiener Studien VII, 72 ff, VIII 116—124) fich ein Urtheil über U. WILCKEN zu bilden, wenn diefer behauptet (Hermes XXI 284 A), dafs ich es nicht wage, Oftraka zu lefen, und erinnere nur daran, dafs ich fchon vor Jahren, bevor noch U. WILCKEN die Litteratur um feine Publicationen bereicherte, ein Oftrakon edirte (Wiener Studien IV 1882).

im Stande, feine Schlüffe zu controliren; diefe zog er aus einer Stelle, in der Poften fehlen, darunter einige, ohne auch nur vermuthungsweife annähernd beftimmbar zu fein. Dazu wollen in Zeile 5 und 7 beidemale die Multiplicationen nicht ftimmen, deren Product als Poften in der Rechnung erfcheinen; denn weder find 3 × 18 Obolen = 7 Dr. 3 Ob., noch auch 6 × 10 Obolen = 8 Dr. 2 Ob., und auf folchen Fundamenten wird conftruirt. WILCKEN hilft fich mit einem Witze (Hermes XX, pag. 471) über die Situation hinweg, und gefteht endlich felbft ‚nicht fo ganz ficher zu fein', pag. 470, Zeile 9 von unten, fpät endlich dämmert ihm fo etwas von einem Chalkus. Mir ift der Papyrus nicht zugänglich und ich kann nur die Vermuthung äufsern, dafs Zeile 7 η⳽ wohl verlefen ift für η=6 oder dergl. (8 Dr. 2½ Obolen) ebenfo ⳽ ⸗ für ⳽⸗6 vielleicht 7 Dr. 3½ Obolen. Wer würde aber glauben, dafs von fo vagen Grundlagen allein, ausgegangen wird, um auf andere unbekannte Zeichen Schlüffe zu ziehen! Denn nach diefen Fehlern wird weiter operirt

$$
\begin{array}{r}
\text{Dr. } 5942 \text{ und } \dashv \\
\text{minus Dr. } 338 \text{ und } \ulcorner \\
\hline
\text{Reft Dr. } 5603 \text{ und } \ulcorner
\end{array}
$$

WILCKEN berechnet die Gleichung (1 Dr. 1 Obol =) 7 Obolen —y (denn das Zeichen ⸗ ift ihm eine unbekannte Gröfse) =x (nämlich ⸗) auf x = 4 und y = 3 vergifst aber dabei, dafs fowohl 3 + 4 als auch 4 + 3 fieben ausmacht und 7—3 = 4 und 7—4 = 3 ift; diefe Refultate verfchliefsen ihm auch die Erkenntnifs von der fo logifchen Einrichtung des Syftems der Obolen, das fich aus 2 Zeichen aufbaut, und dem Parallelismus der Ziffern ⸗ (= 3 + 1) ⸗ (= 3 + 2) mit — (= 1) und ⩵ (= 2).

Karl Weffely.

UEBER DIE HEBRAEISCHEN PAPYRUS.

Im Vergleiche mit den griechischen, arabischen und koptischen Papyrus der erzherzoglichen Sammlung find die Ueberreste jüdischer Cultur in al-Faijûm von nur geringem Umfange. Es find meistentheils kleine, unansehnliche, vielfach unleserliche Fragmente, die mit wenigen Ausnahmen eine zufammenhängende Ueberfetzung unmöglich machen. Gleichwohl ift auch in Bezug auf die hebräischen Papyrus die Sammlung einzig in ihrer Art, fowohl durch die grofse Anzahl der Fragmente, wie durch einige auserlefene Stücke, die zum Theil liturgifchen Inhalt zeigen, zum Theil der Refponfenliteratur angehört haben dürften. Neben rein hebräischen finden fich auch aramäische Fragmente, ferner in der fpäthebräifchen Sprache der nachtalmudifchen, gaonäifchen Zeit abgefafste Stücke. Auch arabifche Fragmente find in gröfserer Zahl vorhanden, zum Theil untermengt mit hebräifchen Ausdrücken. Es fehlen auch Gefchäftsbriefe und Notizen nicht, fo dafs diefe Ueberrefte felbft in ihrem befchädigten und zertrümmerten Zuftande das jüdifche Leben in el-Faijûm widerfpiegeln.

Bei einzelnen Stücken mufs überhaupt erft die Frage entfchieden werden, ob fie von Juden oder anderen Secten, etwa Samaritanern, herrühren. Dazu gehört befonders ein aramäisches Fragment, welches fowohl in Rückficht auf Ausdehnung als auf Bedeutung die oberfte Stelle einnimmt. Es enthält elf Doppelzeilen, deren Anfänge, wie zuerft Profeffor BICKELL bemerkt hat, mit den Buchftaben des hebräifchen Alphabets beginnen. Jede Halbzeile befteht aus drei oder vier Worten von fechs bis fieben Silben. Das Ganze gibt fich als Hymnus auf Gott zu erkennen. Wir theilen diefen Hymnus, foweit er bis jetzt von uns gelefen werden konnte, mit:

1	אלחד] דלית כותי	. . . . ובע]ולמי לית
2	ניבר · בר · כו׳	. . . . דהיל לית
3	הלא כו׳	. . . . . . ומן ה ·
4	זהירו] . . . · כו׳	. . . [חי וקים
5	טב וטב כו׳	. . . [יתב במלרמין
6	כלא זאן כו׳	. . . . ל · ל נטמו
7	מתיר מ · · · · כו׳	. . . . נטר סיטט
8	סומיסטים לית כו׳	. . . . · עברין
9	סרונבום לית כו׳	. . . . . · ציר
10	קל לית כארון כו׳	. . . רם במרבלין
11	שבצ צלוון כו׳	תקוף גיבר

Die Ueberfetzung der lesbaren Stellen lautet:

1. Einer, nicht gibt es feines Gleichen
   In feiner Welt, nicht gibt es feines Gleichen.
2. Ein Held . . . nicht gibt es feines Gleichen,
   Furchtbar, nicht gibt es feines Gleichen u. f. w.
4. Herrlich . . . nicht gibt es feines Gleichen,
   Lebend und (ewig) dauernd, nicht gibt es feines Gleichen.
5. Gütig und Güte fpendend, nicht gibt es feines Gleichen,
   Thronend in den Höhen, nicht gibt es feines Gleichen.
6ª. Alles nährend, nicht gibt es feines Gleichen,
   . . . .
7. Löfend . . . nicht gibt es feines Gleichen,
   Bewahrend die Treue, nicht gibt es feines Gleichen.
8. Weife, nicht gibt es feines Gleichen,
   Ein Künftler, nicht gibt es feines Gleichen.
9. Einfichtsvoll, nicht gibt es feines Gleichen.
   . . . .
10. . . . .
   Thronend in den Höhen, nicht gibt es feines Gleichen.
11. Erhörend die Gebete, nicht gibt es feines Gleichen,
   Mächtig, heldenhaft, nicht gibt es feines Gleichen.

Das Gedicht ift im Style der älteren fyrifchen und hebräifchen Litaneien abgefafst, wie fie ZUNZ, Synag. Poefie des Mittelalters, pag. 60, charakterifirt: ,Die älteren Arbeiten waren ohne Reim und ohne Metrum, die meiften mit alphabetifcher Ordnung der Zeilen oder Abfätze, öfters nach Art der Litaneien in einförmigen kurzen Sätzen beftehend.' Diefer Charakteriftik entfprechend, könnte unfer Gedicht als altes fynagogales Gebet aufgefafst werden. Es wäre dann eines jener Alphabete אלפא "ביתא, wie z. B. der Siddur R. Amram's die Hofcha'nâ's oder das römifche Machzôr die Compofitionen des Thorafeftes bezeichnet (f. ZUNZ a. a. O. 105). Das Stück wäre von umfo gröfserer Wichtigkeit, als poetifche Bereicherungen der fynagogalen Gebete vor dem IX. Jahrhunderte nur fpärlich vorhanden find, diefes Gedicht aber jedenfalls in ein höheres Alter hinanzureichen fcheint. Es würde fodann diefes Gebet zu jenem Kreife von liturgifchen Dichtungen gehören, deren ebenfalls aus dem Faijûm ftammende und nach Berlin gelangte Fragmente M. STEIN-SCHNEIDER in der Zeitfchrift für ägyptifche Sprache 1879, 93 ff., und daraus in Berliner's Magazin für die Wiff. des Judenthums 6, 250 ff., abgedruckt hat. Gleichwohl bleibt es zweifelhaft, ob das Stück jüdifchen Urfprunges fei. Es ift vor Allem wider alle Analogie, dafs ein fynagogaler Hymnus fo viele Fremdwörter aufweife, wie es hier der Fall ift. Zudem find diefe Fremdwörter aus dem im Volksmunde lebenden Griechifch hervorgegangen. Σοφιστής im Sinne von ,Weifer' ift bis jetzt ebenfowenig wie φρόνιμος in jüdifchen Schriften nachzuweifen. Die Phrafe נטר פיטטיס (πίστις) klingt allerdings an das biblifche שמר אמנים (Jes. 26, 2) an, ift aber doch eine ungewöhnliche Ausdrucksweife. Dazu kommt, dafs die Wendung ולית רבותי in famaritanifchen Gebeten fehr geläufig ift. Nur auf einzelne Beifpiele in den von HEIDENHEIM (Die fam. Liturgie) zuletzt herausgegebenen Gedichten

— 40 —

sei hier hingewiesen, so für ‏לית כותיה‎ auf pag. 6, IV (bis), 7, 18, ‏רו אחר ולית כותה‎, 6, IV, ‏אלה רב‎, 18 ‏ולית כותה‎. Alphabetische Anlage zeigt die Mehrzahl der samaritänischen liturgischen Dichtungen nach deren Vorbilde vielleicht Zeile 1ᵃ ‏אל]ה[‎ und Zeile 4ᵃ ‏[כאה]‎ ergänzt werden darf. Es liegt also die Vermuthung sehr nahe, dass in unserem Stücke ein samaritanisches Gedicht erhalten sei, und dies umsomehr, als auch in einem anderen, später anzuführenden Stücke der erzherzoglichen Sammlung samaritanische Spuren vorhanden zu sein scheinen.

Als Beispiel eines in musivischem Hebräisch abgefassten synagogalen Gebetes (‏פיוט‎) möge folgendes Fragment hier wiedergegeben werden:

1 ‏יצר כצלם [רמותו] שוכן בשח[קים]‎
‏יוצר . . . '‎

2 ‏לבני אדם . . . .‎

3 ‏באור כשדים . . . . . . יו ביוצאי חל[ציו‎
‏במלאכו הצאן‎

4 ‏חשק ביעקב וברכו [ויקרא ביצח]ק זרעו ככבים ש[בשמים]‎

5 ‏. . . ששן עין יונקים אבריך [שוטעים] סליך אחר לאחד‎

6 ‏יצר ביצר אדיר במרום אם במעלה אם במטה‎

1 Es schuf in seinem Ebenbilde der im Himmel Thronende
2 den Menschen . . . .
3 in Ûr Kasdîm . . . . . . an seinen Nachkommen.
4 Er fand Wohlgefallen an Jakob und segnete ihn und nannte Isaak seinen Samen (zahlreich) wie die Sterne am Himmel.
5 Freude des Auges, sie saugen (verschlingen) deine Reden, hören deine Worte jedes einzelne.
6 . . . . Mächtig in der Höhe, oben oder unten.

Den Styl der Responsen läfst folgendes sehr beschädigte und lückenhafte Fragment erkennen:

1 . . . . ‏מצוה . . . .‎

2 ‏כען שה . . איש חולה הוא‎
???

3 ‏בבית הטשה שנתן אליו‎

4 ‏כן וכן . . חלה שכתבתי‎

5 . . . . ‏איכא‎

6 . . . . ‏שכלמ[ען‎

Eine zusammenhängende Ueberfetzung dieses Stückes ist nicht möglich, doch dürfte die Vermuthung gerechtfertigt sein, dafs uns hier das Fragment eines rabbinischen Gutachtens vorliegt.

---

1 BICKELL lief hier ‏יצר אור‎, was aber kaum richtig zu sein scheint.

Eine Bereicherung der arabifchen Brieflitcratur auf Papyrus bildet ein von beiden Seiten befchriebenes Quartblatt (30 × 60 Centimeter), das nach vielen Seiten hin aufserordentliches Intereffe gewährt. Es ift ein kaufmännifcher Brief, gerichtet von einem gewiffen Jakob ben Jofeph an einen anderen Kaufmann auf dem Judenmarkt (سوق اليهود), der alfo beginnt:[1]

ביסם אלה ארהמן ארחים אבקך לא: וחמרך ואתם אניעמת עליך מי אדוניה ולאבנה כיתאבי אליך ואנא
ומן קבלי בחל עאמיה . . . .

بسم الله الرحمن الرحيم ابقاك الله وحفظك واتمّ النعمات عليك فى الدنيــا والاخرة كتــابى البك وانا ومن
قبلى بجمال عافية الخ

Der Schreiber beftätigt zunächft den Empfang von Waaren und ertheilt beftimmte Aufträge über die Auszahlung kleincrer Beträge an 'Aifch ibn Ibrâhim und, im Falle diefer die Annahme verweigert, an Mûsa ibn 'Ali ibn Ṭarsûn und an deffen Schwefter. Die genaue Befolgung diefer feiner Aufträge liegt ihm fo fehr am Herzen, dafs er fie auf der Rückfeite des Briefes in einer befonderen Nachfchrift wiederholt. Der Empfänger war im al-Qaṣr al-ġadîd des Judenmarktes, wie es in der mit arabifchen Buchftaben gefchriebenen, das ift für Alle lesbaren Adreffe lautet.

Wir befitzen in diefem Blatte das vorläufig ältefte Schriftftück einer Transfcription aus dem Arabifchen ins Hebräifche, welche fich in mehreren Punkten von der fpäteren, auf gelehrtem Wege nachgebildeten Translitterirung unterfcheidet, wobei neben der anfänglichen Unbeholfenheit gewifs auch die dialektifchen Eigenthümlichkeiten des el-Faijûm mitgewirkt haben. Diakritifche Punkte fehlen gänzlich. Das hebräifche ד vertritt zum Beifpiel vier arabifche Buchftaben: د, ذ, ض und ظ; fo z. B.:

ديباج = ריבג ; دينار = דינר ; الدنيا = אדוניה in ד = د .

ذلك = דאליך ; الذى = אלדי : الذهب = אדהב in ד = ذ .

وحفظك = והמרך in ד = ظ .

لم يقضها = לם יקבדהא ; قبض = קבד in ض = ד (zweimal).

Die Verwechslung von ظ und ض ift auch fonft in arabifchen Handfchriften nicht felten. Ein Beifpiel findet fich auch in dem von LOTH veröffentlichten Briefe Z. D. M. G. 34, 688, Anm. 2: فضله = فظله .

اثانى = אתאני ; كتابى = כתאבי in ת = ث .

الثمن = אתמן ; ثوب = תוב ; وثلثه = ותאליתה in ת = ث .

Einmal findet fich תולת = ثُلُك, wobei es aber fehr wahrfcheinlich ift, dafs der Horinzontalftrich wegen der Zahl und nicht wegen der Differenzirung gefetzt worden ift.

---

[1] Einige Aehnlichkeit hat diefer Eingang mit dem Anfang des ebenfalls aus dem Faijûm ftammenden, von LOTH in Z. d. M. G. 34, 687 ff. publicirten Briefes zweier arabifcher Frauen.

כ = ל im Suffix, ferner in כ'תאבי = כّتابي; יכّن = یکون; כّאנת = ثانت .כ = ل

.כ = ח in ולّאכרה = والآخرة; כרנת = خرجت; אוכת = أخت; אלכלאיק = الخلائق = الْخَلائِق.

Dafs das arabifche خ auch fpäter nicht durch lautverwandte ה, fondern durch כ wiedergegeben wird, ift eine längft bekannte, aber fehr auffallende Thatfache. Damit ftimmt übrigens die Transfcription des hebräifchen פלג durch das arabifche فالغ bei den arabifchen Hiftorikern fehr wohl überein, wo das arabifche خ das hebräifche ג wiedergibt, das im Auslaut dem k gleichlautig war.

.כ = ג in דיבג = ديباج; אלגםלה = الجُمْلَة = الْجُمَّلَة.

.כ = ג in ניר = غير. غَيْر

Das arabifche س wird wie in der fpanifch-arabifchen Zeit durch ם wiedergegeben, wie z. B. in ואםאל = واسل; םוםא = موسی etc. Eine Ausnahme bildet das Wort ישראל, wobei dem Schreiber die hebräifche Schreibung des Wortes vorgefchwebt haben mag.

Sehr beachtenswerth ift die Erfcheinung, dafs kurzes i und kurzes u meiftens durch die Vocalbuchftaben י und ו ausgedrückt werden, während felbft langes $\hat{a}$ grofsentheils nicht durch א wiedergegeben wird. Man darf hier wohl zum Theil den Einflufs des Hebräifchen erkennen. Es mögen hier die Beifpiele zufammengeftellt werden.

Kurzes i durch י ausgedrückt:

كتابي (daneben בים = بسم; אניעמת = النِّعَمات; ריומה = رِزْمَة; ותאליתה = وثائله; כّתّאבי = ماً;

auch כّתאבי); כّתיבّת = كُتِبْت; דّאליך = ذَلِك; ביהא = بيها; בها = إنّسן = إنْسان.

Kurzes u durch ו ausgedrückt:

תّולّת = ثُلَث; ולّת = وُلْت; ומוסד (sic) = وبُدْس; אשתרתו = اشتריت; אועמית = أَعْطَيْت; אצّורה = الصُّرَّة;

אוכת = أخت; לכّום = لَكُم; אדّוניה = الدُّنْيا.

Defective Schreibung des langen $\hat{a}$:

אבקך = إبقاك; בّחל = بחל; ביגّّאל = بِجَال; דّינר = دينار; דّیبג = ديباج; אינסן = إنّسان; אדّנניר = الدَّنانير;

אתוב = الثواب; אדרהים = الدراهم; אלדّراهم ١.

Während in אשתרתו = اشتريت felbft der Diphtong nicht ausgedrückt wird, wird in dem Wort דרהם = دِرْهَم das kurze i durch j wiedergegeben. In gleicher Weife ift wohl das j in אבין neben בן zu erklären; es liegt hier eine Zerdehnung des arabifchen

---

[1] Weglaffung des Dehnungselif hat der Text von Sa'adja al-Faijûmî's Kitâb al-Imânât an vielen Stellen, fo נّابת = ثبت; אלّورةّ = الوَرَثَة (Vergl. GOLDZIHER, Z. d. M. G. 35, 781).

Ibn in Iben vor, nach hebräifcher Manier. Einen ficheren Beweis für die Wiedergabe des kurzen *e* durch ‍ى lieferten die Schreibung תובּיר לי יעקב für תאפֵּר in dem hebräifchen Citate. Das Tefchdîd wird nicht bezeichnet. Das *l* des Artikels wird vor den fogenannten Sonnenbuchftaben weggelaffen, was am ficherften beweift, dafs das Arabifche nach dem Gehör wiedergegeben worden ift. So wird gefchrieben الرَّحمن für ארחמן für الرحيم, ארחים für الرحم, אדהב für الذهب, אסלם für السلام für ארוניה für الدنا. In späterer Zeit wird ארחים ,אלרחמן etc. gefchrieben. Weitere Beifpiele von Worten mit Verdopplung find: אתם = اِتِّم, אלבתה = البّة, אשר = أَشَر nur in מאננהו = (?) = فانّه fcheint die Verdopplung durch die doppelte Schreibung des נ ausgedrückt zu fein.

Höchft fonderbar find die Stellen מאסאל (ואיהל) בני ישראל und weiter unten איהל שרי אל והו בני ישראל. Man könnte an اهل denken, aber der Zufatz והו אל שרי zeigt, dafs איהל ,אל ,Gott' bedeutet. Ift es = اِل oder الوہ?

Auch hier deuten Anzeichen darauf hin, dafs der Schreiber diefes Briefes ein Samaritaner war; denn die Formel אהיה אשר אהיה بحّق kommt niemals bei Rabbaniten oder Karäern, wohl aber bei Samaritanern vor.[1] Diefe Formel wie die folgenden[2] من تجلّی אל שרי פאנّه على طور سينا[1] und שרי אל والهو اله بني اسرائل (?) kennzeichnen uns den Schreiber diefes Briefes als Mitglied der in Aegypten feit den älteften Zeiten angefiedelten famaritanifchen Gemeinde.[3]

Indem wir uns die fachliche Erklärung des Briefes für fpätere Zeit vorbehalten, wollen wir hier nur noch auf einige Punkte hinweifen.

Die in dem Briefe enthaltenen Namen bieten, wie dies bei jedem Funde aus älterer Zeit der Fall ift, vieles Neue, bis jetzt nicht Nachgewiefene. Wie es bei Karäern und Samaritanern mehr noch als bei den rabbinifchen Juden üblich war, finden wir darunter Namen, die der Gefchichte des Islam entlehnt find. Als Einflufs des in Aegypten fo lange herrfchenden Griechifch erfcheint die Schreibung פוסים (η = ı) neben der arabifch gefärbten Schreibung פוסא und פוסה . Ganz neu, fonft unbelegt ift der Name טוסקיה oder טוסניה und der Familienname טרסון . Der Name אבו סריה , der einmal auch אבו סריה gefchrieben wird, ift kaum aus אבו סעדיה entftanden, denn das ע wird nicht fo leicht elidirt; es ift vielmehr die Lefung סריה und das arab. n. p. سرق und سرية الفزارق Jâcût II, 578 zu vergleichen. Vielleicht ift jedoch אבו סריה = ابو سرايا (Ibn Athîr VI, 212 etc.) Vergleiche auch die Kunja אבו סרי , welche der bekannte Karäer Sahal ben Maṣliaḥ führt. Zu notiren find auch die Namen יוסב und נמליל (für נבליאל).

Allen diefen Fragmenten, was immer ihr Inhalt fein möge, und in welcher Sprache immer fie abgefafst find, ift eine hohe fchriftgefchichtliche Bedeutung gemeinfam. Sicherlich früheren Jahrhunderten angehörig, aus denen fich fonft keine hebräifche Handfchrift erhalten hat, bilden diefe fpärlichen Trümmer, wenn fie felbft nur vereinzelte Buch-

---

[1] In einem handfchriftlichen famaritanifchen Ritual werden, wie Herr Rabbiner Dr. S. Kohn in Budapeft mittheilt, die Strophen in manchen Gedichten durch אהיה אשר אהיה אמן אהיה getrennt. Vergl. auch ארני אהיה אשר אהיה bei Heidenheim a. a. O., pag. 4, 11, 32.

[2] Siehe Kirchheim כרמי סמרן , pag. 97, Z. 11; 98, Z. 9; 102, Z. 1.

[3] Ueber Samaritaner in Aegypten, v. Z. B. Schürer, Gefchichte des jüdifchen Volkes im Zeitalter T. Ch. I, 503, Neubauer, Chronique samaritaine, p. 32 (74, 79), 35 (80) und Jacob Safir, אבן ספיר , I, pap. 19.

ſtaben enthalten, werthvolle Glieder in der Kette der jüdiſchen Epigraphik. Im Verein mit den durch ASCOLI und Andere ans Licht gezogenen jüdiſchen Grabſteinen enthalten ſie das Material zu einer Geſchichte der jüdiſchen Schrift aus einer Zeit, aus der es an jedem authentiſchen Denkmal gebrach. Beſonders wichtige Daten laſſen ſich daraus für das hohe Alter und die reiche Entwicklung der Ligaturen im hebräiſchen Alphabet gewinnen. Buchſtaben treten hier verbunden auf, die in der Quadratſchrift von vornherein jeder Zuſammenziehung zu trotzen ſchienen. Wie auf der III. Tafel von ASCOLI'S Iscrizioni di antichi sepolcri giudaici del Neapolitano die Buchſtabengruppe מבן zu einer einzigen Ligatur verbunden erſcheint, ſo finden ſich in den Papyrus zwei, drei und mehrere Buchſtaben, z. B. מו, לום, מע, אלה vereinigt. Eine genaue Analyſe der ſchriftgeſchichtlichen Facta werden wir ſpäter mit Tafeln geben, damit jedem Leſer auch die Controle ermöglicht werde.

D. H. Müller, D. Kaufmann.

MIKROSKOPISCHE UNTERSUCHUNG DER PAPIERE VON EL-FAIJÛM.

Im Beginn des vorigen Jahres wurde ich mit der mikroſkopiſchen Unterſuchung der Faijûmer Papiere betraut. Meine Bearbeitung dieſer koſtbaren, den ‚Papyrus Erzherzog Rainer‘ angehörigen Objecte iſt noch nicht zum Abſchluſſe gekommen. Nichtsdeſtoweniger bin ich bereits in der Lage, einige völlig geſicherte Forſchungsergebniſſe präciſiren zu können. Die Natur dieſer kurzen Mittheilung rechtfertigt die Form, in welcher ich die Reſultate meiner Prüfung vorlege: es ſind faſt nur nackte Daten. Die eingehende Begründung derſelben behalte ich mir für den Zeitpunkt vor, in welchem ich meine diesbezüglichen Unterſuchungen in extenso veröffentlichen werde.

1. Die unterſuchten Objecte gehören in die Kategorie der ‚gefilzten‘ oder ‚geſchöpften‘ Beſchreibſtoffe, ſind alſo Papier im modernen Sinne. Alle wurden durch eine Art ‚Leimung‘ beſchreibbar gemacht. Die beſſer erhaltenen befinden ſich auch jetzt noch in einem mit gewöhnlicher Tinte beſchreibbaren Zuſtande, ſo daſs ſchon im Vorhinein die Möglichkeit vorlag, neben der Faſer auch das Materiale, mit dem ſie geleimt wurden, beſtimmen zu können.

Dieſe Papiere datiren nach den Unterſuchungen des Herrn Profeſſors KARABACEK früheſtens aus dem VIII. bis IX. Jahrhundert.

Alle mir bisher übergebenen Objecte beſtehen im Weſentlichen aus demſelben Faſern-materiale, ſind in der gleichen Weiſe geleimt und wurden, allem Anſcheine nach, auf gleiche Weiſe erzeugt.

2. Papiere ſo hohen Alters wäre man, den heute noch geltenden Anſichten zufolge, geneigt, für aus Baumwolle erzeugte Producte zu halten. Die mikroſkopiſche Unterſuchung hat zu einem anderen unerwarteten Reſultate geführt: Dieſe Papiere ſind durchwegs aus Hadern (Lumpen) bereitet,[1] der Hauptmaſſe nach aus Leinenhadern, doch auch inſoferne aus Baumwollhadern, als in manchen Papieren zwiſchen zahlreichen Leinen-faſern auch vereinzelte Baumwollenfaſern liegen, zum Beweiſe, daſs die Sortirung der zur Papierbereitung verwendeten Hadern nicht mit Sorgfalt betrieben wurde. Auch andere Gewebsfaſern, ſelbſt animaliſche, finden ſich vereinzelt in manchem Papier vor, offenbar gleichfalls infolge unvollkommener Sortirung der Hadern.

Liegt nun ſchon in dem Nebeneinandervorkommen verſchiedener Geſpinnſtfaſern in dem Papiere ein Fingerzeig für ihre Erzeugung aus Hadern, ſo lieſsen ſich doch noch andere und viel ſchwerer wiegende Momente zur Begründung meiner Auffaſſung conſtatiren: vor Allem der directe Nachweis von Garnſtückchen inmitten der Maſſe einzelner Papiere.

---

[1] Die erſte Mittheilung über dieſe Auffindung gelangte in einem Vortrage in die Oeffentlichkeit, welchen Herr Profeſſor KARABACEK im öſterr. Muſeum am 23. Jänner 1885 hielt. Siehe auch deſſen Abhandlung in der öſterr. Monatsſchrift für den Orient 1885, pag. 165.

Die Faijûmer Papiere find die älteften Hadernpapiere, die man kennt. Ich will bei diefer Gelegenheit in Kürze zweierlei bemerken. Erftlich, dafs ich trotz Unterfuchung zahlreicher italienifcher, deutfcher und anderer Papiere aus dem XII. bis XV. Jahrhundert bisher noch kein einziges gefunden habe, welches als „Baumwollenpapier" im Sinne der Palaeographen bezeichnet werden könnte, und dafs ich heute fchon die Anficht vertreten möchte, dafs es wohl Baumwollenhadernpapiere, aber keine aus Baumwolle erzeugten Papiere gibt[1] und gegeben hat, jene aber vornehmlich aus neuerer Zeit ftammen. Sodann, dafs ich die bisherigen Argumente, welche zur Feftftellung der Fafern alter Gewebe und Papiere herangezogen wurden, für unzureichend erklären mufs, und dafs ich meine Schlüffe auf Grund hiftologifcher, abfolut ficherer Kriterien zog.

3. Alle Faijûmer Papiere find mit Stärkekleifter geleimt. An vielen Papieren läfst fich dies direct durch die bekannte Jodreaction erweifen. Mit einer wäfferigen Jodlöfung befeuchtet, werden diefe Papiere fofort blau oder violett und unter Mikrofkop fieht man an den Fafern Kruften eingetrockneten Stärkekleifters.

Andere Papiere werden erft dann durch Jod blau oder violett gefärbt, wenn fie vorher mit Salzfäure benetzt wurden. Die Abweichung gegenüber den erfteren liegt in dem Auftreten von den Papierfafern der letzteren anhaftenden Fermentorganismen, welche erft nach Einwirkung von Salzfäure die Fähigkeit verlieren, die Jodftärkereaction aufzuheben.

Noch andere Papiere werden durch Jodlöfung weinroth oder gar nicht gefärbt, und enthalten ftatt Stärke Dextrin (Erythro- und Achroodextrin) und nebenher fogar etwas Zucker (nach Ausweis der feinen in meinem Laboratorium von Dr. Molisch jüngfthin aufgefundenen Reaction mit α-Naphthol).

Wenn fich nun auch Dextrin zur Leimung der Papiere benützen läfst, fo ift gar nicht daran zu denken, dafs die Araber diefe Subftanz zu dem genannten Zwecke verwendet haben; vielmehr fprechen die Uebergänge, welche fich in den verfchiedenen Papieren vom unveränderten Stärkekleifter zum Erythrodextrin und Achroodextrin nachweifen liefsen, endlich die Gegenwart des Zuckers für die mir einzig gerechtfertigt erfcheinende Auffaffung, dafs im Laufe der Jahrhunderte der eingetrocknete Stärkekleifter alle diefe Wandlungen durchmachte; wahrfcheinlich gefchah dies unter Mitwirkung von Fermentorganismen. (Vergl. unter 5.)

Einige Palaeographen bezeichnen den thierifchen Leim, andere das Harz als die erfte zur „Leimung" des Papiers verwendete Subftanz. Meine Beobachtungen zeigen nun, dafs der Stärkekleifter, von dem man bisher annahm, er wäre erft feit Einführung der Mafchinenpapierfabrication zur ‚Leimung' des Papiers in Anwendung gekommen, das ältefte bisher bekannte Materiale ift, durch das man das Papier befchreibbar gemacht, das ift ‚geleimt' hat.

Ich will hier einfchalten, dafs ich Papier aus Aquileja (1288) und deutfche Papiere (Salzburger Chronik von circa 1300), beide aus der Sammlung des Herrn Profeffor Sickel mit Stärke geleimt gefunden habe. Hingegen waren alle von mir unterfuchten Papiere, welche zwifchen 1377 und dem Anfange diefes Jahrhunderts erzeugt wurden, mit thierifchem

---

[1] Abgefehen von gewiffen modernen aus Abfallproducten erzeugten Papieren, um die es fich hier aber nicht handelt.

Leim befchreibbar gemacht worden. Erft im Anfange diefes Jahrhunderts tritt die Harz-
leimung auf. Zum Nachweis des thierifchen Leims bediene ich mich des bekannten
MILLON'fchen Reagens (falpeterfaures Queckfilber), welches unter gewiffen Vorfichten
angewendet, durch das Auftreten einer rothen bis röthlichen Färbung die Gegenwart des
Leims verräth.

Die Angabe, es wäre im XIV. Jahrhundert und fpäter Traganth zur Leimung
angewendet worden, kann ich auf Grund der feinen Orcinreaction, welche einen fteten
Begleiter der Gummiarten auf das fchärffte anzeigt, durchaus nicht beftätigen.[1]

4. In höchft auffälliger Weife machen fich in vielen Papieren fehr wohlerhaltene,
noch vollkommen intaft gebliebene Stärkekörnchen bemerkbar. Diefelben find nicht
etwa als von aufsen angeflogen zu betrachten, fondern gehören dem Papiere felbft an,
denn fie finden fich gerade im Innerften der dickeren Papierforten, wo fie offenbar am
meiften gefchützt die Jahrhunderte überdauerten, im Zuftande befter Erhaltung vor.

Diefe Stärkekörnchen find uns defshalb fo willkommen, weil auf Grund ihrer Form-
und Gröfsenverhältniffe fich die Pflanze beftimmen läfst, welche als Rohmaterial zur
Bereitung der Stärke diente. Allein, es mufs auch die Frage aufgeworfen werden: was
hat diefe unveränderte, alfo unverkleifterte Stärke für das Papier zu bedeuten?

Was zunächft die Qualität der zur Leimung der Papiere benützten Stärke anlangt,
fo liefs fich aus den Formen und Dimenfionen der Stärkekörnchen zunächft auf das
Beftimmtefte feftftellen, dafs diefe Stärke nur von Weizen oder Gerfte herrühren
konnte.[2] Die weitaus gröfsere Wahrfcheinlichkeit fpricht für die erftere; es
ift aber das zur Dispofition ftehende Materiale zu klein, als dafs diefe Frage mit aller
Sicherheit gelöft werden könnte. Würde man das Mehl des Weizens oder Roggens zur
Leimung des Papiers verwendet haben, fo wäre die Entfcheidung fehr leicht. Es ift aber —
und dies ift ein für die Gefchichte der Gewerbe höchft intereffantes Factum — die Stärke
diefer Getreidearten zu diefem Zwecke benützt worden; die Ausfcheidung diefes Körpers
aus dem Mehl wurde alfo von den Arabern in fo frühen Zeiten fchon betrieben, und es
diente das Product gewifs auch zu anderen Zwecken.

Es unterliegt nach meiner Auffaffung gar keinem Zweifel, dafs die Stärke zur
Füllung des Papiers angewendet wurde, alfo zu einer Operation, welche auch als eine
Erfindung der neueften Zeit angefehen wird, welche über die Periode der Mafchinen-
papierfabrication nicht zurückgehen foll.

Die ‚Füllung‛ wird heute hauptfächlich betrieben, um das Gewicht des Papiers zu
erhöhen, es werden dann mineralifche Subftanzen zu diefem Zwecke verwendet; in anderen
Fällen dient diefe Operation, wie bei Herftellung des fogenannten chinefifchen Seiden-
papiers, der Veredlung des Papiers und dann wird, was fo wenig bekannt ift, häufig die
Stärke als folche, alfo im nichtverkleifterten Zuftande verwendet. Eine folche der

---

[1] Vergl. WIESNER, über das Gummiferment. Sitzungsbericht der kaif. Akad. der Wiffenfchaften. Math. nat.
Cl., Bd. 90.

[2] Von einigen Ausnahmsfällen abgefehen, in welchen — allem Anfcheine nach — eine der Buchweizen-
ftärke fehr ähnliche Stärke, möglicherweife diefe felbft, zum Leimen des Papiers in Anwendung kam. Die
letztere Annahme ift aber nur unter der Vorausfetzung zuläffig, dafs die Cultur des Buchweizens in viel weitere
Zeiträume zurückreiche, als gegenwärtig angenommen wird. In meiner Abhandlung werde ich diefen Gegenftand
eingehend discutiren.

Veredlung des Papiers dienliche ‚Füllung‘ nahmen vor so langer Zeit schon die Araber vor, sie sind mithin als die Erfinder der ‚Füllung‘ zu betrachten, und ich bin der Ansicht, dafs der Hauptzweck der Füllung darin bestand, den Papieren den möglichsten Grad von Weifse zu geben. Ich wurde auf diese Ansicht durch folgenden Umstand geführt. Ich habe in den Papieren viele Fasern in einem Zustande gefunden, welcher mit Bestimmtheit schliefsen läfst, dafs diese letzteren nicht gebleicht waren. Ob nun das Verfahren der Bleichung den Arabern nicht bekannt war, was ich sehr bezweifeln möchte, oder ob sie dieses Verfahren auf die Papiermasse nicht anwenden wollten oder konnten, will ich nicht untersuchen; genug, ihre Papiermasse mufste durch ein Hilfsmittel verschönert werden, sie mufste eine gleichmäfsige und dazu helle, womöglich weifse Farbe erhalten, und zu diesem Zwecke wurde, nach meinem Dafürhalten, die Stärkefüllung erfunden.

5. Die Fasern vieler Faijûmer Papiere bieten bei gewöhnlicher Präparation im Wasser unter Mikroskop ein sehr fremdartiges Bild dar, sie erscheinen förmlich inkrustirt. Dieser Umstand, ferner eine in einzelnen Papieren sehr weitgehende Humification und particlle Demolirung der Fasern erschweren die Feststellung der Faserart. Nichtsdestoweniger konnte die Bestimmung mit voller Sicherheit durchgeführt werden.

Die Inkrustation ist in verschiedenem Grade ausgeprägt, und ist auf eine überaus feinkörnige Masse zurückzuführen, deren Partikelchen zum grofsen Theile in Salzsäure löslich sind. Da diese feinkörnige Masse nicht nur an den Fasern haftet, sondern auch zwischen denselben lagert, so lag die Vermuthung nahe, dafs diese Substanz gleich der Stärke zur ‚Füllung‘ gehöre. Dies ist aber durchaus nicht der Fall. Es konnte vielmehr diese Masse mit vollster Sicherheit auf eingedrungenen atmosphärischen Staub (Localstaub) zurückgeführt werden.

Eine genaue Analyse dieses Staubes wurde auf meine Veranlassung von Herrn Dr. MAX SCHUSTER, Privatdocenten der Mineralogie an der Wiener Universität, ausgeführt, und wird in meiner Abhandlung veröffentlicht werden.

In diesem Staube, und zwar hauptsächlich in der die Fasern inkrustirenden Masse, konnte ich mehrere Fermentorganismen (theils Spalt-, theils kleinzellige Sprofspilze) nachweisen. Auf diese Organismen ist höchstwahrscheinlich die oben genannte Umsetzung der Stärke in Dextrin und Zucker zurückzuführen.

6. Die bisher untersuchten auf den Faijûmer Papieren befindlichen Schriftzeichen rühren von zweierlei Tinten her, erstlich von einer der Tusche vergleichbaren Kohlen- oder Rufstinte, sodann von einer mit der Galläpfeltinte im Wesentlichen übereinstimmenden Flüssigkeit, deren färbender Bestandtheil in gerbsaurem Eisen bestand. —

Zum Schlusse erlaube ich mir noch die Bemerkung anzufügen, dafs meine Abhandlung aufser der Untersuchung der Faijûmer und anderer alter Papiere aus dem XII. bis XV. Jahrhunderte noch einen allgemeinen Theil enthalten wird, welcher die namentlich mit Rücksicht auf antike Papiere höchst wichtige, bisher noch nicht gelöste Frage beantwortet: ‚Welches sind die Grenzen der Sicherheit bei der mikroskopischen Untersuchung der Papierfasern.‘ Dieser Theil meiner Abhandlung ist bereits zum Abschlusse gebracht.

WIEN, Ende Juni 1886.

Julius Wiesner.

KLEINERE MITTHEILUNGEN.

(**Griechiſche Papyrus aus römiſcher Kaiſerzeit.**) Indem die Datirung derſelben nach Kaiſerjahren erfolgte, eröffnet ſich in ihnen eine beachtenswerthe Quelle für die Chronologie dieſer Epoche. Wir geben einſtweilen die nachſtehende Liſte der bis jetzt in den Papyrus Erzherzog Rainer erwähnt geſundenen römiſchen Kaiſer bis auf Conſtantin den Groſsen.

I. und II. Jahrhundert. Domitian, Trajan, Hadrian, Antoninus Pius, Marc Aurel, L. Verus, Commodus.

III. Jahrhundert. Kaiſer und Cäſaren: Septimius Severus, Caracalla, Geta (Caeſar und Auguſtus), Elagabal, Severus Alexander, Maximinus und Maximus, Pupienus und Balbinus, Gordian III. (Caeſar und Auguſtus), Philippus I., Otacilia Severa, Philippus II., Traianus Decius, Herennius Etruscus Caeſar, Hoſtilianus Caeſar, Trebonianus Gallus, Voluſianus, Valerianus, Gallienus, Saloninus Caeſar, Macrianus, Quietus, Aurelianus, Probus.

IV. Jahrhundert. Diocletian, Maximian, Conſtantius Chlorus, Galerius, Fl. Severus, Maximinus Daza, Licinius, Conſtantinus.

K. Weſſely.

(**Ein griechiſch geſchriebener koptiſcher Papyrus.**) Es iſt bekannt, dafs die Kopten bei der Uebernahme des griechiſchen Alphabets einige Laute, für welche ſie keine entſprechenden Vertreter fanden, durch eigene Zeichen auszudrücken verſuchten. Erſt allmälig und nach verſchiedenen Verſuchen anderer Art ſind die uns geläufigen Zeichen zur allgemeinen Geltung gekommen. Die Griechen hatten ihrerſeits bereits ſeit ihren erſten Anſiedelungen in Aegypten eigene Tranſcriptionsſyſteme entwickelt, welche je nach Zeit und Ort gröſsere oder geringere Nuancen aufweiſen. Aus den Papyrus der arabiſchen Zeit ſind uns die Tranſcriptionen: Paccib = ⲣⲁⲙⲓⲧ, Tʒamoul = ⲭⲁⲙⲟⲩⲗ bekannt. Dagegen war es neu und für die Ausſprache des Koptiſchen höchſt inſtructiv, einen Papyrus (Nr. 1785) zu finden, der einen mit griechiſchen Buchſtaben geſchriebenen, elfzeiligen, wohlerhaltenen, koptiſchen Brief (27·5 × 20 Centimeter) enthält. Parallel ſtellt ſich ſonach dieſer Brief zu einem anderen unſerer Sammlung, der in arabiſcher Sprache, aber mit hebräiſchen Buchſtaben geſchrieben iſt (vergl. oben S. 40 f.). Unſer Papyrus, welcher auch dialektiſch — unterägyptiſch! — von groſser Wichtigkeit iſt, ſchreibt: χεν πραν ενπνουθι ενεʒορπ — τιϲχαει — εʒαντεφι νηει. Die in der Begrüſsungsformel am Anfang der Faijûmer Papyrus häufig vorkommende Wendung ⲉ϶ⲙ ⲉⲛⲕⲟⲧ ⲙⲁ ⲛⲕⲁⲥ (vergl. Kopt. Pap. Nr. 94) ‚Grofs und Klein‘ ſchreibt der Papyrus Nr. 1785:

τ
ειϲʒτʒεν κουτʒι ϲʒα νιϲʒ

Wir erhalten die Gleichungen φ = ⳇ, χ = ϧ: ⳯, τʒ = ϫ, ϲʒ = ⳃ.

J. Krall.

(Lifte der Hidfchra-Datirungen arabifcher Papyrus.) Seit der Veröffentlichung einiger Hidfchra-Datirungen aus den arabifchen Papyrus in der ‚Literarifch-kritifchen Beilage zur Oefterr. Monatsfchrift für den Orient' 1885, pag. 251, welche durch ein unberufenes Urtheil über den Beftand der erzherzoglichen Sammlung veranlafst worden war, find vielfach neue Jahresangaben hinzugewachfen. Diefelben geben ein fehr anfchauliches Bild von dem Umfange der arabifchen Papyrusfabrikation, beziehungsweife von der Dauer der Bereitung diefes Befchreibftoffes in Aegypten in nachbyzantinifcher Zeit.

Bis nun habe ich Schriftftücke aus den folgenden Jahren conftatiren können, wobei ausdrücklich bemerkt wird, dafs die nach Indictionen datirten beftimmbaren Papyrus-Urkunden arabifcher Behörden oder Perfönlichkeiten nicht berückfichtigt find: [1]

I. Jahrhundert d. H.

Jahre: 22, 30 (?), 73, 76, 84, 90, 91, 95.

II. Jahrhundert d. H.

Jahre: 104, 106, 111, 112, 116, 117, 119, 124, 125, 127, 130, 137, 142, 150, 154, 162, 164, 169, 170, 174, 175, 176, 177, 178, 179, 180, 182, 189, 192, 194, 196, 197, 198, 199.

III. Jahrhundert d. H.

I. Decennium:	200,	201,	202,	203,	204,	205,	206,	207,	— 209
II. „	—	211,	212,	213,	214,	—	216,	217,	218, 219
III. „	—	—	222,	223,	224,	225,	226,	227,	228, 229
IV. „	230,	231,	—	233,	—	235,	236,	237,	238, —
V. „	240,	241,	242,	—	244,	—	246,	—	248, 249
VI. „	250,	251,	252,	253,	254,	255,	256,	—	— 259
VII. „	260,	—	262,	—	264,	265,	266,	—	268, 269
VIII. „	270,	—	272,	273,	—	275,	—	277,	278, 279
IX. „	280,	281,	282,	283,	284,	—	286,	287,	288, 289
X. „	290,	291,	—	—	—	—	—	297,	— —

IV. Jahrhundert d. H.

Jahre: 305, 311, 314, 319, 320, 323.

Die erzherzogliche Sammlung bewahrt fonach nicht nur die denkbar ältefte, fondern auch die bisher jüngfte nach der Aera der Hidfchra datirte Papyrus-Urkunde. Das arabifch datirte Papyrusmaterial umfafst demgemäfs den Zeitraum von 643 n. Chr. (22. H.) bis 935 n. Chr. (323 H.), alfo geradezu drei Jahrhunderte, und die vielfach erörterte Frage nach der Dauer der Papyrusfabrikation in Aegypten kann ftricte dahin beantwortet werden, dafs diefelbe um die Mitte des X. Jahrhunderts n. Chr. ihr Ende gefunden. Um diefe Zeit war es, dafs das Papier, als neues, technifch weit vollkommeneres, alfo wirklich concurrenzfähiges Schreibmaterial über den Papyrus obfiegte und diefen durch Jahrtaufende in Aegypten eingebürgerten nationalen Befchreibftoff endlich ganz verdrängte.

---

[1] Die in das erfte Jahrhundert der Hidfchra, und zwar in die frühefte Zeit der arabifchen Herrfchaft über Aegypten fallenden Indictionsdaten find bei zwanzig Stücken die XV. Indiction (641—642), I. Indiction (642—643), II. Indiction (643—644), VI. Indiction (647—648) und XI. Indiction (652—653).

J. Karabacek.

(**Neue Funde.**)[1] Unter den in der jüngſten Zeit durchforſchten Documenten wurde ein vorzüglich erhaltenes hieratiſch beſchriebenes Blatt (8 × 27 Centimeter) gefunden, welches in Briefform die poetiſche Beſchreibung einer von Ramſes II., dem Seſoſtris der claſſiſchen Autoren (um 1300 v. Chr.), im öſtlichen Nildelta gegründeten Stadt Pi-Ramſes enthält. Dieſer von Dr. KRALL conſtatirte Text, der ſich in weſentlichen Theilen mit dem im Anfange unſeres Jahrhunderts gefundenen, jetzt im britiſchen Muſeum befindlichen Papyrus Anaſtaſi III., pag. 1, Zeile 12 — pag. 2, Zeile 7 deckt, zeigt, daſs uns in der-artigen Briefen nicht Privatcorreſpondenzen, ſondern literariſche Compoſitionen, welche ſich im alten Aegypten groſser Verbreitung erfreuen muſsten, vorliegen. Wir erhalten ſonach einen werthvollen Beitrag zur Charakteriſtik der altägyptiſchen Literatur. Das Blatt lag neben Papyrusrollen (180 : 25 und 95 : 20 Centimeter) voll Notizen privater Natur in hieratiſcher Schrift und den Requiſiten (Paletten und Rohre) des Schreibers, welche ſammt dem Korbbehältnis und Leinwandfutteral der erzherzoglichen Sammlung einverleibt ſind.

Unter den von Dr. WESSELY geleſenen griechiſchen Rollen und Blättern fanden ſich nunmehr auch ſolche aus ptolemäiſcher Zeit. Da viele derſelben noch zu öffnen und lesbar zu machen ſind, konnte nur erſt ein Datum aufgefunden werden, nach welchem dieſe, private Aufzeichnungen enthaltenden Schriftſtücke noch in die erſte Hälfte des zweiten vorchriſtlichen Jahrhunderts fallen und daher als die älteſten bisher bekannten griechiſchen Schriftdenkmale des Faijûmer Fundes zu bezeichnen ſind.

Ferner conſtatirte derſelbe Gelehrte eine Reihe wichtiger literariſcher Stücke. So die umfangreichen Reſte eines Aeſchines-Codex des fünften Jahrhunderts, der alle bisher bekannten Handſchriften dieſes Autors an Alter hinter ſich zurückläfst, deſſen acht, die Capitel 178—186 (incluſive) der dritten Rede umfaſſenden, Columnen jüngſt von W. v. HARTEL publicirt worden ſind. Dann die aus dem erſten nachchriſtlichen Jahr-hundert ſtammenden Bruchſtücke einer die Reden des Iſokrates enthaltenden Papyrus-rolle mit den Capiteln 48—49 der fünften Rede. Weiters intereſſante metrologiſche und rhetoriſche Aufzeichnungen, darunter Stücke eines Lexikons zu Demoſthenes' Midiana; endlich ein in das erſte Jahrhundert nach Chriſto zurückreichendes Fragment eines unbekannten Grammatikers.

Eine anſehnliche Zahl neuaufgefundener vorzüglich ſchöner Privaturkunden der römiſchen Epoche tragen die Namen der Kaiſer Hadrian, Antoninus Pius, Marc Aurel, Commodus und der bisher noch nicht vertretenen Kaiſer Aurelian, Fl. Severus, Maximinus Daza und Julianus Apoſtata. Desgleichen ergänzte ſich die chronologiſche Folge in der Kaiſerreihe um einen ſchönen Papyrus aus dem Jahre 83 n. Chr. (28 × 21 Centimeter), als den bisher älteſten des Faijûmer Fundes aus der römiſchen Kaiſerzeit. Alle dieſe Stücke bereichern nach vielen Richtungen unſere Kenntniſſe von der Cultur jener Zeiten. Insbeſondere zu erwähnen ſind in dieſer Beziehung Proceſsacten aus dem Jahre 118 n. Chr., welche in rechtsgeſchichtlicher Hinſicht von Wichtigkeit ſind; ferner damit in Zuſammen-hang ſtehende Heiratscontracte aus derſelben und einer ſpäteren Zeit, darunter eine 1·26 Meter lange Rolle.

---

[1] Vergl. die vorausgegangenen Berichte in der ‚Oeſterreichiſchen Monatsſchrift für den Orient', Jahrgang 1884, Nr. 3. S. 95 f., Nr. 5, S. 152, Nr. 6, S. 172, Nr. 8, S. 211, Nr. 11, S. 279 f.; Jahrgang 1885, Nr. 5, S. 113 f., Nr. 6, S. 133 f., 138, Nr. 8, S. 159 ff., Nr. 9, S. 179 ff., Nr. 11, S. 250 ff.

Chronologifch wichtige Angaben fanden fich für das Jahr 238 n. Chr. in einem Papyrus, der aus dem zweiten (ägyptifchen) Jahre der Kaifer Pupienus und Balbinus datirt ift, denen die Ueberlieferung eine Regierungsdauer von nur neunundneunzig Tagen zuweift. Es laffen fich daraus Schlüffe auf die noch unbekannte Zeit der Thronbefteigung diefer Herrfcher ziehen. Ein anderer, chronologifch nicht minder werthvoller Papyrus bezieht fich auf die Decennalienfeier Conftantin's des Grofsen, deren Datirung er mit dem Jahre 313 n. Chr. feftfetzt.

Die anfehnliche, überaus wichtige Serie der lateinifchen Papyrus erhielt unter anderen einen fchönen Zuwachs durch eine dritte Quittung des Actuars Sergius (f. ‚Oefterr. Monatsfchrift f. d. Orient‘, Jahrgang 1884, S. 280) vom Jahre 398, fo dafs die erzherzogliche Sammlung die drei älteften lateinifchen Papyrus-Urkunden überhaupt bewahrt.

Aus den Uranfängen der islamitifchen Epoche find Funde von ungeahnter Gröfse zu verzeichnen. Referent hatte das Glück, das bisher und vielleicht für immer ältefte Document des Islâm, eine prachtvolle Urkunde (45·5 × 23·5 Centimeter) aus dem 22. Jahre des Hidfchra (ddo. 25 April 643 n. Chr.) zu finden, die, abgefehen von ihrer umwälzenden fchriftgefchichtlichen Bedeutung, Zeugnis gibt von jener grofsen weltgefchichtlichen Kataftrophe, der zufolge die Weltlage eine ganz veränderte Geftaltung erhalten: ich meine den Anbruch des Islâm in feinem Siegeslaufe und die Gründung feines Staatswefens. Mit diefer und zwanzig anderer, vortrefflich erhaltener, zum Theil noch mit ihren Infiegeln verfehener Eroberungsurkunden feiern plötzlich die gröfsten arabifchen Helden, viele Gefährten und Jünger des Propheten Muhammed ihre Auferftehung. An ihrer Spitze fteht, mit einem gefiegelten Befehle, der Oberfeldherr Amru (´Amr ibn el- ´Âşi) felbft, den die hiftorifche Fabel durch die ihm zugefchriebene Verbrennung der alexandrinifchen Bibliothek in den Augen der civilifirten Welt gebrandmarkt hat. Diefe Documente laffen die moderne Gefchichtfchreibung über jene Epoche in manchen der wichtigften Daten als verfehlt erfcheinen.

J. Karabacek.